© Assimil 2015
ISBN 978-2-7005-0662-4
ISSN 2266-1158

Création graphique : Atwazart

Roumain

Liana Pop

B.P. 25
94431 Chennevières sur Marne cedex
France

Cet ouvrage ne prétend pas remplacer un cours de langue, mais si vous investissez un peu de temps dans sa lecture et apprenez quelques phrases, vous pourrez très vite communiquer. Tout sera alors différent, vous vivrez une expérience nouvelle.

Un conseil : ne cherchez pas la perfection ! Vos interlocuteurs vous pardonneront volontiers les petites fautes que vous pourriez commettre au début. **Le plus important, c'est d'abandonner vos complexes et d'oser parler.**

Partie I
INTRODUCTION — 9

Comment utiliser ce guide — 9
La Roumanie : faits et chiffres — 10
Données géographiques et historiques — 10
La langue roumaine — 13
L'alphabet — 14
Prononciation — 14

Partie II
INITIATION AU ROUMAIN — 15

Du 1er jour au 21e jour — 15

Partie III
CONVERSATION — 57

Premiers contacts — 57
   Salutations — 57
   Souhaits — 58
   Accord, désaccord — 59
   Questions et réponses — 60
   Formules de politesse — 61
   Langues et compréhension — 61

Rencontres et présentations — 62
   Dire d'où l'on vient — 62
   Se présenter ou présenter quelqu'un — 63
   Dire son âge — 64
   Famille — 65
   Emplois, occupations, études — 67
   Religion — 70
   Le temps qu'il fait — 71

Se rencontrer et discuter	72
Invitation, visite	72
Un rendez-vous ?	73
D'autres prétextes pour entrer en contact	74
Sentiments et opinions	75
Amour	76

Temps, dates et fêtes 77

Dire l'heure	77
Dire une date	78
Vocabulaire du temps, des jours et des saisons	79
Jours fériés	81

Appel à l'aide 84

Urgences	84
Sur la route	84

Écriteaux, panneaux et sigles 84

Écriteaux et panneaux	84
Abréviations courantes	85

Voyager 86

Contrôle des passeports et douane	86
Change	87
En avion	87
En autocar et en train	89
En bateau	91
En taxi	92
Les deux-roues	93
Location de voiture	93
Circuler en voiture	94

En ville 98
  Pour trouver son chemin 98
  Métro, bus, tram 99
  Visite d'expositions, de musées et de sites touristiques ... 100
  Autres curiosités 102
  À la poste 102
  Au téléphone 103
  Internet 105
  L'administration 106
  Au commissariat 106
  À la banque 107
  Sorties au cinéma, au théâtre, au concert et autres... 108
  Chez le coiffeur 109

À la campagne, à la mer, à la montagne 110
  Sports de loisir 110
  À la montagne 110
  Aux sources, à la piscine, à la plage 112
  Camper et camping 114
  Arbres et autres plantes 116
  Animaux 118

Hébergement 120
  Réservation d'hôtel 121
  À la réception 121
  Vocabulaire des services et du petit-déjeuner ... 122
  Régler la note 125

Nourriture 125
  Au restaurant 126
  Spécialités et plats traditionnels 129

Vocabulaire des mets et produits	130
Façons de préparer et sauces	134
Fromages	135
Boissons alcoolisées	136
Autres boissons	136

Achats et souvenirs 137

Magasins et services	137
Livres, revues, journaux, musique	139
Blanchisserie, teinturerie	140
Vêtements et chaussures	140
Bureau de tabac	142
Photo	143
Souvenirs	144

Vocabulaire de l'entreprise et rendez-vous professionnels ... 145

Fixer un rendez-vous	145
Visiter et travailler dans une entreprise	145
Vocabulaire d'entreprise	146
Salons et expositions	148

Santé 149

Chez le médecin, aux urgences	149
Symptômes	149
Douleurs et parties du corps	150
Santé de la femme	152
Soins médicaux	153
Chez le dentiste	153
Chez l'opticien	154
À la pharmacie	154

Partie IV

INDEX THÉMATIQUE 157

Introduction

↗ Comment utiliser ce guide

La partie "Initiation"

Vous disposez d'une petite demi-heure quotidienne ? Vous avez trois semaines devant vous ? Alors commencez par la partie "initiation", 21 mini-leçons qui vous donnent sans complication inutile les bases du roumain usuel, celui dont vous aurez besoin pour comprendre, parler et être capable de former vos propres phrases sur le modèle de celles qu'on vous propose dans la partie "conversation" :
– lisez la leçon du jour puis prononcez vous-même les phrases en consultant la traduction et la transcription.
– lisez ensuite les brèves explications grammaticales : elles vous présentent quelques mécanismes que vous pourrez vous-même mettre en œuvre ;
– faites le petit exercice final, vérifiez que vous avez tout juste… et n'oubliez pas la leçon suivante le lendemain !

La partie "Conversation"

Pour toutes les situations courantes auxquelles vous allez être confronté durant votre voyage, la partie "Conversation" de ce guide vous propose une batterie complète d'outils : des mots, mais aussi des structures de phrase variées que vous pourrez utiliser en contexte. Tous les mots sont accompagnés de leur traduction (avec, si besoin, le mot à mot) et d'une transcription figurée simple qui vous dit comment il faut les prononcer. Même si vous n'avez aucune connaissance préalable du roumain, ce "kit de survie" prêt à l'usage fera donc de vous un voyageur autonome.

↗ La Roumanie : faits et chiffres

Superficie	238 391 km²
Population	21 millions
Capitale	București (Bucarest)
Dimensions	1,9 millions d'habitants
Frontières maritimes	194 km (mer Noire)
Frontières terrestres	3150 km (Bulgarie, Serbie, Hongrie, Ukraine, Moldavie)
Langue officielle	roumain
Régime politique	république semi-présidentielle
Fête nationale	1ᵉʳ décembre, **Ziua Unirii** (*Jour de l'Union*)
Religions	orthodoxe (86,7 %), catholique (5,6 %), protestante (3,7 %)...
Monnaie	**leu** (pl. **lei**)

↗ Données géographiques et historiques

Le territoire

La *Roumanie* (**România**) est située au sud-est de l'Europe, ayant comme voisins la Hongrie (à l'ouest), l'Ukraine (au nord et, en partie, à l'est), la République moldave (à l'est), la Bulgarie (au sud) et la Serbie (au sud-ouest). Le pays dispose d'une frontière naturelle au sud-est : la *mer Noire* (**Marea Neagră**). Le relief est diversifié, avec des plaines (au sud), des plateaux (en Transylvanie, à l'ouest), des collines et des chaînes de montagnes (les Carpates). Le *Danube* (**Dunărea**) est le fleuve qui longe la frontière sud du pays et forme un très célèbre delta (le *Delta du Danube*, **Delta Dunării**), avant de se verser dans la mer Noire. Le climat est continental, avec quatre saisons, et des variations thermiques importantes entre l'été (env. 35°C) et l'hiver (env. -5°C).

Les grandes régions historiques sont : la *Valachie* (**Muntenia**, au sud), la *Moldavie* (**Moldova**, à l'est) et la *Transylvanie* (**Transilvania**, à l'ouest). La capitale est *Bucarest* (**București**). La population est constituée majoritairement de Roumains, mais d'autres nationalités cohabitent sur le territoire de la Roumanie : Hongrois, Allemands, Tsiganes (ou Roms[*]), Turcs, Tatares, Russes, Ukrainiens, Serbes, etc.

Des Daces aux Roumains

Les ancêtres des Roumains sont les *Daces* (**dacii**), un peuple courageux, de la famille des *Thraces* (**Traci**). La *Dacie* (**Dacia**), leur pays, a été une des dernières provinces de l'Empire romain, entre 106 et 271 ap. J.-C. env. Après les Romains, ce sont les peuples migrateurs qui ont laissé des traces importantes sur la civilisation et la langue daco-romanes : les Slaves (à partir du VIe siècle). Leur influence sur ce territoire est semblable à celle des peuples germaniques sur les autres civilisations romanes (française, italienne, espagnole…). Le peuple roumain est par conséquent formé de la fusion de ces trois strates ethniques essentielles : Daces, Romains et Slaves.

---

[*] Par une fausse étymologie, le terme "Roms" fait conclure à beaucoup de personnes qu'il s'agit de Roumains, ce qui n'est pas le cas.

Les principautés

Les trois grandes provinces roumaines sont passées, durant l'histoire, sous l'administration de différents empires : ottoman, russe et austro-hongrois. Ces principautés ont eu des évolutions bien distinctes, jusqu'à la constitution de la Roumanie, en 1859, résultat de l'union de la Moldavie avec la Valachie. La Transylvanie les rejoint le 1er décembre 1918, donnant à l'État roumain sa configuration territoriale maximale.

Les *princes roumains* (**domnitori**) les plus connus sont : *Étienne le Grand* (**Ștefan cel Mare**, en Moldavie) et *Mircea le Vieux* (**Mircea cel Bătrân**, en Valachie). Quant à *Vlad l'Empaleur* (**Vlad Țepeș**, que les Occidentaux assimilent souvent à tort au Dracula de Bram Stocker), il était le petit-fils de **Mircea cel Bătrân**. Il régna à plusieurs reprises en Valachie, et acquit une grande renommée par sa résistance armée contre les Turcs et pour les punitions par empalement qu'il réservait à ces derniers, aux menteurs et aux voleurs.

Royauté et République

À partir de 1866, la Roumanie devient une royauté, et voit se succéder au trône la dynastie des Hohenzollern : *Charles Ier* (**Carol I**), *Ferdinand, Charles II* (**Carol al II-lea**), et *Michel* (**Mihai**). En 1947, ce dernier est obligé de s'exiler, et de laisser la place à un régime communiste qui s'instaure pour une quarantaine d'années. Ce régime devient une dictature sous **Nicolae Ceaușescu** (1965-1989). Depuis la chute du communisme en décembre 1989, la Roumanie est un pays démocratique. Il fait partie de l'Union européenne depuis 2007.

Le pays a connu plusieurs appellations : d'abord "la République populaire roumaine", puis "La République socialiste de Roumanie". Actuellement, son nom est tout simplement la *Roumanie* (**România**).

↗ La langue roumaine

Du latin au roumain

Le roumain est une langue romane, au même titre que l'italien, le français, l'espagnol, le portugais, etc. Il est issu du latin populaire, a gardé quelques particularités de la langue des Daces, et a subi, vers le VIe siècle, des influences slaves. La langue s'est formée grâce aux différentes dominations et aux populations qui ont envahi le territoire au cours de l'Histoire. On considère que la langue roumaine s'est constituée vers les VIIIe-IXe siècles. Le plus ancien document conservé, écrit en alphabet cyrillique, est une lettre datant de 1521. Le roumain a adopté l'alphabet latin à partir du XVIIIe siècle.

La littérature et les autres arts

Dans les premières productions littéraires, des influences grecque, française, italienne et allemande se succèdent. Les grands classiques s'affirment au XIXe siècle, avec **Ion Creangă** (récits), **Mihai Eminescu** (poésie), **Ion Luca Caragiale** (théâtre). Au début du XXe siècle, ce sont **Tudor Arghezi, Lucian Blaga, Ion Barbu** et **George Bacovia** qui s'imposent. En peinture, **Nicolae Grigorescu** est l'artiste roumain le plus représentatif. Certains écrivains d'origine roumaine ont écrit leurs œuvres à l'étranger, tels **Tristan Tzara, Mircea Eliade,** *Eugène Ionesco* (**Eugen Ionescu**), **Emil Cioran**, et une actrice roumaine, *Elvire Popesco* (**Elvira Popescu**). Elle a tenu l'affiche en France pendant plus de six décennies. Par ailleurs, des Roumains ont rendu célèbres leurs œuvres en dehors

des frontières : **Constantin Brâncuşi** en sculpture, **George Enescu** (*Georges Enesco*) en musique, … Ou encore l'inventeur de l'avion à réaction, **Henri Coandă**, connu des Français, car il a passé une bonne partie de sa vie en France.
Beaucoup de Français ont aussi entendu parler d'**Ilie Năstase** (tennis), de **Nadia Comăneci** (gymnastique), **Gheorghe Hagi** (football), de **Cristian Mungiu** (Palmes d'or à Cannes), et bien d'autres encore !

↗ L'alphabet

L'alphabet roumain a 31 lettres, dont certaines n'apparaissent que dans des mots d'origine étrangère (**k, q, w** et **y**).
a *[a]*, **ă** *[e]*, **â** *[u di-n a]*, **b** *[bé]*, **c** *[tché/k]*, **d** *[dé]*, **e** *[é]*, **f** *[èf]*, **g** *[djé]*, **h** *[hach]*, **i** *[i]*, **î** *[u di-n i]*, **j** *[jé]*, **k** *[ka]*, **l** *[èl]*, **m** *[èm]*, **n** *[èn]*, **o** *[o]*, **p** *[pé]*, **q** *[kyou]*, **r** *[èr]*, **s** *[ès/èss]*, **ş** *[ché]*, **t** *[té]*, **ţ** *[tsé]*, **u** *[ou]*, **v** *[vé]*, **w** *[doublou vé]*, **x** *[iks]*, **y** *[igrék]*, **z** *[zé]*.

↗ Prononciation

En principe, on écrit en roumain "comme on entend", cela veut dire qu'à chaque lettre correspond un son ; à l'exception des lettres **â** et **î**, qui se prononcent toutes les deux *[u]*. Cette complication orthographique est difficile à expliquer ici, mais en principe on écrit **î** aux extrémités des mots (comme dans **în**, *en* ; **a coborî**, *descendre*), et **â** à l'intérieur (**fântână**, *fontaine* ; **coborând**, *descendant*).
Chaque mot a un accent tonique, qui ne tombe pas sur une syllabe constante, comme en français. Dans nos transcriptions phonétiques, cet accent sera mis en gras. Les groupes **an, in, on, un** ne sont pas nasalisés, ce qui, dans les transcriptions sera indiquée par - : **a intra** *[a i-ntra]*, *entrer* ; **cânt** *[ku-nt]*, *je chante* ; **contra** *[ko-ntra] contre*.

Initiation

↗ 1ᵉʳ jour

Bine ați venit!
Bienvenue!

1 Pentru ce veniți în România?
pe-ntrou tché vénitsⁱ u-n romuniya
pour quoi venez en Roumanie
Pourquoi venez-vous en Roumanie?

2 La lucru, dar nu vorbesc românește. Nu sunt român.
la lukrou dar nou vorbesk romunechté. nou sount romu-n
pour travail, mais ne parle roumain. ne suis roumain
Pour travailler, mais je ne parle pas roumain. Je ne suis pas roumain.

3 Am văzut. Veniți din Franța? Drum bun!
a-m vezout. vénitsⁱ di-n fra-ntsa? droum boun
ai vu venez de France? route bonne
J'ai vu. Vous venez de France? Bon voyage!

Notes de grammaire

Verbes au présent et au passé composé : vorbesc, *je parle*, est au présent de l'indicatif. **Ați venit,** *(vous) êtes venu/s*, dans l'expression **Bine ați venit!**, *Soyez le/s bienvenu/s!*, est le verbe **a veni**, *venir*, au passé composé, conjugué avec l'auxiliaire **a avea**, *avoir*. L'auxiliaire *être* (**a fi**) n'est utilisé en roumain qu'à la voix passive. **La négation du verbe** est plus simple qu'en français, avec une seule négation antéposée : **nu**, *ne* (**nu vorbesc**, *je ne parle pas*).

Formes verbales de politesse : les Roumains s'adressent surtout à la 2ᵉ personne du pluriel (forme de politesse), comme dans **veniți**, *vous venez*. Le pronom sujet n'est pas nécessaire devant les verbes, car leur terminaison indique la personne (**-ți**, équivalent au français *vous …-ez*).

Famille du mot România : l'adjectif et le substantif masc. sing. **român**, *roumain*, s'écrivent avec une minuscule. L'adverbe **românește**, *(en) roumain*, reçoit le suffixe **-ește**.

La préposition *en* se dit en roumain **în**, comme devant les noms de pays : **în România**, *en Roumanie* ; **în Franța**, *en France*.

Entraînement – Traduisez les phrases suivantes
1. Je suis en Roumanie.
2. Je ne suis pas roumain.
3. **Vorbesc românește.**
4. **Nu ați venit în România.**

Solutions
1. **Sunt în România.**
2. **Nu sunt român.**
3. Je parle roumain.
4. Vous n'êtes pas venu/s en Roumanie.

↗ 2ᵉ jour

Cum te cheamă?
Comment tu t'appelles?

1 **Bună ziua! Mă cheamă Jean. Sunt francez.**
   bou̯ne zioua! me kyame jan. sount fra-ntchéz
   bon jour me appelle Jean - suis français
   Bonjour! Je m'appelle Jean. Je suis français.

2 **Eu sunt Ion.**
   yéou sount yo-n
   moi suis Ion
   Moi, je suis Ion.

3 **Jean e nume francez. Ion e nume românesc.**
   jan yé noumé fra-ntchéz. yo-n e noumé roumnesk
   Jean est nom français, Ion est nom roumain
   Jean est un nom français, Ion est un nom roumain.

Notes de grammaire

Dans les salutations **Bună ziua!**, **Bună dimineața!**, *Bonjour!*, **Bună seara!**, *Bonsoir!*, l'adjectif est exceptionnellement antéposé, mais il est généralement postposé, comme dans les souhaits : **Noapte bună!**, *Bonne nuit!* ; **Drum bun!**, *Bon voyage!* ; **Poftă bună!**, *Bon appétit!*

Genre des substantifs et des adjectifs : les substantifs terminés en **-ă** sont généralement féminins (**poftă**, *appétit*), mais **zi**, *jour*, également. Les masculins et neutres se terminent, en général, en consonne (**drum**, *chemin, voyage*). Les adjectifs suivent : ainsi, **bun**, *bon*, masculin, dans **drum bun**, et **bună**, *bonne*, féminin, à côté de **poftă** et de **ziua** (**poftă bună, Bună ziua!**).

INITIATION AU ROUMAIN

Le verbe : en roumain, on n'utilise le pronom personnel sujet que pour marquer une insistance : **sunt**, *je suis* → **eu sunt**, *moi, je suis*. Voici les trois premières personnes du singulier des verbes **a fi**, *être* et **a-l chema**, *s'appeler* :

sunt	je suis	mă cheamă	je m'appelle
eşti	tu es	te cheamă	tu t'appelles
este/e	il/elle est	îl/o cheamă	il/elle s'appelle

E est la forme abrégée de **este**.
Le pronom n'est pas obligatoire dans la conjugaison des verbes, on l'utilise uniquement pour mettre en relief le sujet : **(eu) sunt**.
Pour parler de la nationalité d'une personne, on utilise **a fi** suivi de l'adjectif **român, francez, belgian**. L'adjectif de nationalité **românesc** ne s'utilise pas pour les personnes : **nume românesc**.

Entraînement – Traduisez ces phrases
1. Je suis roumain.
2. Je m'appelle Ion.
3. **Cum te cheamă?**
4. **Mă cheamă Jean, sunt francez.**

Solutions
1. **Sunt român.**
2. **Mă cheamă Ion.**
3. Comment tu t'appelles ?
4. Je m'appelle Jean, je suis français.

↗ 3ᵉ jour

O cafea, vă rog!
Un café, s.v.p.!

1 **Caut un restaurant, vă rog.**
   *ka*out oun réstaou*ra*-nt ve rog
   Je cherche un restaurant, s.v.p.

2 **Este un restaurant imediat, la dreapta.**
   y*é*sté oun restaou*ra*-nt imé*dya*t la dry*a*pta
   Il y a un restaurant tout de suite, à droite.

3 **O cafea și apă plată, vă rog!**
   o kaf*ya* chi *a*pe pl*a*te ve rog
   Un café et de l'eau plate, s.v.p.!

4 **Cât costă? Poftiți banii.**
   kut k*o*ste? poftitsⁱ *ba*-ni
   Combien ça coûte? Voici l'argent.

5 **Mulțumesc./ Mersi.**
   moultsoum*é*sk/ m*e*rsi
   Merci.

Notes de grammaire

L'article indéfini pour le masc./neutre sing. est **un**, *un*, et pour le fém. **o**, *une*, comme dans **un restaurant**, *un restaurant*, et **o cafea**, *un café*. Attention! Les genres des substantifs roumains ne correspondent pas toujours à ceux des substantifs français, ni le nombre, parfois, car **bani**, *argent* est le pluriel de **ban**. Un second **i** (article défini masc. pl.) donne **banii**, *l'argent*. Le roumain n'a pas d'article partitif, et *de l'eau* se dit **apă**, sans article.

INITIATION AU ROUMAIN

Pour dire *il y a*, le roumain utilise la 3ᵉ pers. sing. du verbe *être* : **este** *[yésté]* (forme abrégée **e** *[yé]*).

Pour remercier, le roumain utilise le verbe **a mulțumi**, à la première personne du singulier : **mulțumesc**, *je remercie*. Mais la forme empruntée au français (**Mersi.**) est également très utilisée.

Entraînement – Traduisez ces phrases
1. Le restaurant est à droite.
2. Un café, s.v.p. !
3. **Cât costă un pahar de apă și o cafea?**
4. **Mulțumesc.**

Solutions
1. **Restaurantul e la dreapta.**
2. **O cafea, vă rog!**
3. Combien coûtent un verre d'eau et un café ?
4. Merci.

↗ 4ᵉ jour

Să ieşim, vreţi?
Si on sortait?

1 Sunteţi ocupat? Aveţi timp?
sountéts' okoupat? avéts' ti-mp
Vous êtes occupé/s? Vous avez du temps?

2 Veniţi la plimbare cu noi!
vénits' la pli-mbaré kou noy
Venez vous promenez avec nous!

3 Mergem în parc şi stăm pe o terasă.
mérdjém u-n park chi stem pé o térasse
On va dans un parc et on s'installe sur une terrasse.

4 Da! Să mergem! Mâncăm şi bem ceva!
da! se merdjém! mu-nkem chi bém tchéva
Oh oui! Allons-y! On va manger et boire quelque chose!

5 Apoi, vreţi să vizităm un muzeu?
apoy vréts' se vizitem oun mouzéou
Ensuite, vous voulez visiter un musée?

Notes de grammaire

Pour tous les groupes de verbes (4 groupes, terminés à l'infinitif en **-a**, **-ea**, **-e**, **-i**, **-î**), la terminaison **-m** indique la 1ʳᵉ pers. pl., et **-ţi** indique la 2ᵉ pers. pl. (ou formes de politesse).

Groupe, infinitif	Exemples	1ʳᵉ et 2ᵉ pers. pl.
I -a	a sta, *rester* ; a mânca, *manger* ; a fuma, *fumer* ; a vizita, *visiter*	stăm, staţi ; mâncăm, mâncaţi ; fumăm, fumaţi ; vizităm, vizitaţi
II -ea	a vrea, *vouloir*	vrem, vreţi

INITIATION AU ROUMAIN

III -e	a merge, *aller*	mergem, mergeți
IV -i, -î	a ieși, *sortir* ; a veni, *venir*	ieșim, ieșiți ; venim, veniți

Verbes. L'infinitif est précédé de la préposition **a**. *être* et *avoir* ont les infinitifs roumains **a fi** et **a avea**. Vous en connaissez les formes : **sunt**, *je suis*, **sunteți**, *vous êtes*, **aveți**, *vous avez*. Pour l'auxiliaire *avoir* vous connaissez la forme **ați**, comme dans **ați venit**, *vous êtes venu/s*. La forme d'impératif pl. **Veniți!** est identique à celle de l'indicatif présent (**veniți**). Les formes précédées de **să** s'utilisent comme deuxième verbe (**vreți să vizităm**, *vous voulez visiter*), ou comme impératif : **Să ieșim!**, *Sortons* ! ; **Să mergem!**, *Allons*.

Entraînement – Traduisez les phrases suivantes
1. Je suis occupé/e.
2. Vous venez au musée ?
3. Vreți să mâncați?
4. Aveți bani?

Solutions
1. Sunt ocupat/ă.
2. Veniți la muzeu?
3. Vous voulez manger ?
4. Vous avez de l'argent ?

↗ 5ᵉ jour

Familia mea
Ma famille

1 **Sunteți căsătorit/ă? Aveți copii?**
   sountétsⁱ kessetorit/e? avétsⁱ kopi
   Vous êtes marié/e ? Vous avez des enfants ?

2 **Suntem căsătoriți de opt ani.**
   sountem kessetoritsⁱ dé opt ani
   Nous sommes mariés depuis 8 ans.

3 **Soțul meu e inginer, eu sunt casnică.**
   sotsoul méou yé i-ndjinér yéou sount kasnike
   Mon mari est ingénieur, moi, je suis mère au foyer.

4 **Avem trei copii: două fete și un băiat.**
   avém tréy kopi dooue fété chi oun beyat
   Nous avons trois enfants : deux filles et un garçon.

5 **Fetele merg la școală, băiatul la grădiniță.**
   fételé mérg la chkoale beyatoul la gredinitse
   Les filles vont à l'école, le garçon à la maternelle.

Notes de grammaire

Pluriel : les substantifs ou adjectifs masculins prennent un **-i** au pluriel (**an**, **-i**, *an*, *-s* ; **căsătorit/ți**, *marié*, *-s*), la plupart des féminins, un **-e** (**fată**, **fete**, *fille*, *-s*). Ne vous laissez pas décourager par les quelques changements phonétiques entraînés par ces terminaisons à l'intérieur des mots (**căsătorit/ți** ; **fată/fete** ; **copil/copii**).

INITIATION AU ROUMAIN

L'article défini est postposé :

masc. sing. **băiat + ul = băiatul**, *le garçon*	fém. sing. **fată/a = fata**, *la fille*
masc. pl. **băieți + i = băieții**, *les garçons*	fém. pl. **fete + le = fetele**, *les filles*

L'adjectif possessif meu (masc. sing.) est l'équivalent de *mon*, mais est placé après le nom avec article défini : **soțul meu**, *mon mari*.

Entraînement – Traduisez les phrases suivantes
1. Je ne suis pas marié/e.
2. Vous avez des enfants ?
3. **Inginerii sunt ocupați.**
4. **Avem doi băieți.**

Solutions
1. **Nu sunt căsătorit/ă.**
2. **Aveți copii?**
3. Les ingénieurs sont occupés.
4. Nous avons deux garçons.

↗ 6ᵉ jour

Sejur la București
Séjour à Bucarest

1 Când ați sosit la București?
ku-nd ats' sossit la boukouréchť
Quand êtes-vous arrivé/s à Bucarest ?

2 Ieri seara.
yér' syara
Hier soir.

3 Cât timp stați?
kut ti-mp stats'
Combien de temps restez-vous ?

4 Trei săptămâni, poate patru.
tréy septemun' poaté patru
Trois semaines, peut-être quatre.

5 La ce oră e avionul dumneavoastră? La doișpe?
la tché ore yé avyonoul doumnyavoastre? la doychpé
À quelle heure est votre avion ? À douze (heures) ?

Notes de grammaire

L'expression du temps se fait par des adverbes (**ieri**, *hier* ; **seara**, *soir*) ou expressions (**trei săptămâni**, *trois semaines* ; **la ce oră?**, *à quelle heure ?* ; **la ora cinci**, *à 5 heures*). Pour indiquer **le lieu**, la préposition **la** précède les noms de villes (**la București**, *à Bucarest*).

Pour compter, utilisez les numéraux simples, de 1 à 10 (voir rabat 1), ou composés, à partir de 10, suivant le schéma : **un + spre + zece** (**unsprezece**, *onze*), **doi + spre + zece** (**doisprezece**,

INITIATION AU ROUMAIN

douze)... À leur place, la langue parlée préfère **unșpe, doișpe**...
Attention : 2 et 12 ont des formes masculines et féminines : **doi, două, doișpe, douășpe**...

Entraînement – Traduisez les phrases suivantes
1. Vous êtes venu/s hier soir ?
2. Combien de temps restez-vous à Bucarest ?
3. La ce oră ați sosit?
4. Plecați la ora două?

Solutions
1. Ați venit ieri seara?
2. Cât timp stați la București?
3. À quelle heure êtes-vous arrivé/s ?
4. Vous partez à deux heures ?

↗ 7ᵉ jour

Profesii
Professions

1 Ce lucrezi? Eşti medic?
tché loukréz¹? yécht¹ médik
Que fais-tu dans la vie? Tu es médecin?

2 Eu lucrez la o firmă. Sunt contabil.
yéou lukréz la o firme. sount ko-ntabil
Je travaille dans une entreprise. Je suis comptable.

3 Sora mea e actriţă la teatru. La Nisa.
sora mya yé aktritse la tyatrou. la nissa
Ma sœur est actrice au théâtre. À Nice.

4 Copiii mei sunt studenţi.
kopiyi méy sount studénts¹
Mes enfants sont étudiants.

5 Dumneavoastră sunteţi instalator? Reparaţi robinete defecte?
doumnyavoastre sountéts¹ instalator? réparats¹ robinété défékté
Et vous, vous êtes plombier? Vous réparez des robinets en panne?

Notes de grammaire

Verbe **a fi**, *être*. Observez la forme identique du verbe pour : **(eu, ei, ele) sunt**, *je suis, ils/elles sont*. **Eşti, este, (e)**, se prononcent [**yécht¹**], [**yéste (yé)**].

Verbes en -a : **a repara**, *réparer* : **(eu) repar, (tu) repari, (el, ea) repară, (noi) reparăm, (voi) reparaţi, (ei, ele) repară**, *je répare, tu répares…* ; **a lucra (ez)**, *travailler* : **(eu) lucrez, (tu) lucrezi, (el, ea)**

lucrează, (noi) lucrăm, (voi) lucrați, (ei, ele) lucrează, *je travaille, tu travailles...* Attention ! On écrit : **el studiază**, *il étudie*.

L'adjectif possessif **meu**, *mon*, **mea**, *ma*, **mei** (masc. pl.), **mele** (fém. pl.), *mes* s'accorde, comme en français, avec son substantif : **soțul meu**, *mon mari*, **soția mea**, *ma femme*, **copiii mei**, *mes enfants*, **fetele mele**, *mes filles*. (Retenez les 3 **i** dans la forme **copiii = copil + i** pl. **+ i** article défini.)

Entraînement – Traduisez les phrases suivantes
1. Mes enfants ne sont pas étudiants.
2. Ma femme travaille au théâtre.
3. **Ce studiați ?**
4. **Nu sunteți contabil ?**

Solutions
1. **Copiii mei nu sunt studenți.**
2. **Soția mea lucrează la teatru.**
3. Qu'est-ce que vous étudiez ?
4. Vous n'êtes pas comptable ?

↗ 8ᵉ jour

Zile libere
Jours fériés

1 **Azi e zi liberă, nu merg la lucru.**
*azʲ yé zi libére nou mérg la lou*krou
Aujourd'hui c'est un jour férié, je ne vais pas au travail.

2 **Nu mergeţi la serviciu? Faceţi grevă?**
nou mérdjétsʲ la sérvitchyou? fatchétsʲ gréve
Vous n'allez pas au travail ? Vous faites la grève ?

3 **Nu! E Crăciun!**
nou! yé kretchyoun
Non ! C'est Noël !

4 **În România, avem două zile libere: douăzeci şi cinci şi douăzeci şi şase decembrie.**
u-n romuniya avém dooue zilé libéré doouezétchʲ chi tchi-ntchʲ chi doouezétchʲ chi chassé détchémbriyé
En Roumanie, nous avons deux jours fériés : les 25 et 26 décembre.

Notes de grammaire

Le substantif **zi**, *jour*, est plus capricieux. Retenez : **o zi**, *un jour* ; **ziua** *le jour* ; **două zile** *deux jours*, **zilele** *les jours*.

Les adjectifs réguliers ont 4 terminaisons : **liber** (masc. sing.), **liberă** (fém. sing.), **liberi** (masc. pl.), **libere** (fém. pl.) et s'accordent avec leurs substantifs, comme dans : **zi liberă, zile libere**.

Le verbe **a avea**, *avoir* à l'indicatif présent : **(eu) am**, *j'ai*, **(tu) ai**, *tu as*, **(el/ea) are**, *il/elle a*, **(noi) avem**, *nous avons*, **(voi) aveţi*, *vous avez,* **(ei/ele) au**, *ils/elles ont*. La forme négative fait souvent chuter le "**u**" de la négation "**nu**" : **nu am = n-am**, *je n'ai pas,* **nu ai = n-ai**, *tu n'as pas...*

Verbes en -e : **a face**, *faire :* **(eu) fac, (tu) faci, (el/ea) face, (noi) facem, (voi) faceți, (ei/ele) fac**, *je fais, tu fais...* ; **a merge**, *aller :* **(eu) merg, (tu) mergi, (el/ea) merge, (noi) mergem, (voi) mergeți, (ei/ele) merg**, *je vais, tu vas...* Attention ! Les terminaisons **-i** et **-e** changent les consonnes **c** et **g** en *tch* et *dj* : **faci** *[fatchi]*, **face** *[fatché]*, *tu fais, il fait* ; **mergi** *[merdji]*, **merge** *[merdjé]*, *tu vas, il va*.

Entraînement – Traduisez les phrases suivantes
1. Nous n'avons pas de jour férié, nous travaillons.
2. Où allez-vous en Roumanie ?
3. **Azi e zi liberă.**
4. **La Crăciun, avem o săptămână liberă.**

Solutions
1. **(Noi) nu avem zi liberă, lucrăm.**
2. **Unde mergeți în România?**
3. Aujourd'hui c'est jour férié.
4. À Noël, nous avons une semaine (de) libre.

↗ 9ᵉ jour

Informații, cereri
Renseignements, demandes

1 **Unde este poliția, vă rog?**
   oundé yésté politsya ve rog
   Où est la police, s.v.p.?

2 **Ridicați mâinile! Descălțați-vă!**
   ridikats! muynilé! déskeltsatsive
   Levez les mains! Retirez vos chaussures ("Déchaussez-vous")!

3 **Scuzați-mă, nu înțeleg. Repetați, vă rog.**
   skouzatsime nou u-ntséleg. répétats! ve rog
   Excusez-moi, je ne comprends pas. Répétez, s.v.p.

4 **Și scoateți leptopul din valiză!**
   chi skoatéts! léptopoul di-n valize
   Et sortez votre ordinateur portable de [votre] valise!

5 **Cred că am găsit!**
   kréd ke a-m gessit
   Je crois que j'ai trouvé!

Notes de grammaire

L'impératif, 2ᵉ personne du pluriel (ou forme de politesse) est identique au présent de l'indicatif (**Repetați!**, *Répétez!* **Scoateți!**, *Retirez!*), mais leurs pronoms objets ou réfléchis s'ajoutent à la fin : **Scuzați-mă!**, *Excusez-moi!* **Descălțați-vă!**, *Déchaussez-vous!* Attention! Les pronoms objets indirects (**-mi**, *me*) et objets directs (**-mă**, *me*) ont des formes distinctes!

INITIATION AU ROUMAIN

La possession peut ne pas s'exprimer : **Scoateți leptopul din valiză!**, *Sortez ordinateur de la valise!* Avec les parties du corps aussi, comme en français : **Ridicați mâinile!**, *Levez les mains!*

Entraînement – Traduisez les phrases suivantes

1. Vous comprenez quelque chose ?
2. Vous ne comprenez pas ?
3. **Dați-mi valiza, vă rog!**
4. **Scuzați-mă, unde este poliția, vă rog?**

Solutions

1. **Înțelegeți ceva?**
2. **Nu înțelegeți?**
3. Donnez-moi [votre] valise, s.v.p. !
4. Excusez-moi, où est la police, s.v.p. ?

↗ 10ᵉ jour

La telefon
Au téléphone

1. **Alo? Aș vrea să vorbesc cu Ioana.**
   alo? ach vrya se vorbesk ku yoana
   Allô ? Je voudrais parler à Ioana.

2. **Ioana nu poate vorbi acum. E bolnavă. Doarme.**
   yoana nou poaté vorbi akoum. yé bolnave doarmé
   Jeanne ne peut pas parler maintenant. Elle est malade. Elle dort.

3. **Pot să sun mâine sau poimâine?**
   pot se soun muyné saou poymuyné
   Je peux [r]appeler demain ou après-demain ?

4. **Aș dori să merg cu ea la bibliotecă.**
   ach dori se mérg kou ya la biblyotéke
   J'aimerais aller avec elle à la bibliothèque.

5. **Poate săptămâna viitoare.**
   poaté septemuna viyitoaré
   Peut-être la semaine prochaine.

6. **Spuneți-i "Multă sănătate!"**
   spounétsiy moulte senetaté
   Dites-lui "Beaucoup santé !"
   Souhaitez-lui un prompt rétablissement.

Notes de grammaire

Le conditionnel utilise l'auxiliaire **aș** (1ʳᵉ pers. sing.) + l'infinitif ; ainsi **aș vrea**, *je voudrais* ; **aș dori**, *je désirerais*, sont des formules de politesse. Avec d'autres verbes (**aș veni**, *je viendrais* ; **aș merge**, *j'irais*), le conditionnel exprime un désir.

INITIATION AU ROUMAIN

Si deux verbes se suivent, mettez le second au subjonctif (appelé **"conjunctiv"**, en roumain, car précédé de la conjonction **să**) : **Aș vrea să vorbesc cu**…, *Je voudrais parler à*… ; **Aș dori să merg**…, *J'aimerais aller*. **A putea**, *pouvoir*, accepte aussi l'infinitif, comme en français : **Pot să sun / Pot suna**, *Je peux appeler*. Attention ! **poate** est aussi adverbe et signifie *peut-être*.

Verbes en -i : 1er type **a dormi (-)**, *dormir* : **dorm, dormi, doarme, dormim, dormiți, dorm**, *je dors, tu dors*… ; 2^e type **a vorbi (esc)**, *parler* : **vorbesc, vorbești, vorbește, vorbim, vorbiți, vorbesc**, *je parle, tu parles*…

Entraînement – Traduisez les phrases suivantes
1. Je voudrais parler en roumain.
2. Je ne peux pas parler maintenant.
3. **Pot să întreb ceva?**
4. **Spuneți-mi, vă rog, pot (re)suna mâine?**

Solutions
1. **Aș vrea să vorbesc românește.**
2. **Nu pot vorbi acum.**
3. Je peux demander quelque chose ?
4. Dites-moi, s.v.p., je peux [r]appeler demain ?

↗ 11ᵉ jour

Călătorii, excursii
Voyages, randonnées

1. **Vă place să mergeți cu trenul?**
   ve platché se mérgets͡ kou trénoul
   Vous aimez voyager ("aller") en train ?

2. **Îmi place cu trenul, dar nu-mi place cu avionul.**
   umʲ platché kou trénoul dar noumʲ platché kou avyonoul
   J'aime [voyager] en train mais je n'aime pas [prendre] l'avion.

3. **Nu-mi plac călătoriile pe mare, dar îmi plac excursiile la munte.**
   noumʲ plak keletoriyilé pé maré dar umʲ plak ekskoursiyilé la mou-nté
   Je n'aime pas les voyages en mer, mais j'aime les randonnées à la montagne.

4. **Mie îmi place să merg pe jos și cu bicicleta.**
   miyé umʲ platché se mérg pé jos chi kou bitchikléta
   Moi, j'aime marcher ("aller à pied") et [faire] du ("en") vélo.

5. **Atunci să mergem pe jos până la aeroport!**
   atountchʲ se mérdjém pé jos pune la aéroport
   Alors allons à pied jusqu'à l'aéroport !

Notes de grammaire

Le verbe **a-i plăcea**, *aimer, plaire*, n'a que deux formes plus utilisées (**place**, sing. ; **plac**, pl.), qui se combinent avec des pronoms au datif (**îmi/îți/îi/ne/vă/le**), à la manière des formes françaises *me/te/lui/nous/vous/leur plaît* : **Îmi place România.**, *J'aime la Roumanie. / La Roumanie me plaît.* ; **Îmi plac excursiile.**, *J'aime les randonnées.* ; **Nu-mi place vinul.**, *Je n'aime pas le vin.* ;

Nu-mi plac prunele., *Je n'aime pas les prunes*. Avec un deuxième verbe au subjonctif : **Îmi place să călătoresc**, *J'aime voyager*. Attention ! **Mie** est la forme tonique de **îmi**.

La préposition cu, *avec*, s'utilise pour indiquer le moyen de transport : **cu avionul**, *en avion* ; **cu trenul**, *en train* ; **cu maşina**, *en voiture* ; **cu bicicleta**, *en vélo*. Pour dire *à pied*, l'expression est **pe jos**.

Entraînement – Traduisez les phrases suivantes
1. J'aime la Roumanie.
2. J'aime les Roumains.
3. **Nu ne place să mergem pe jos.**
4. **Vă plac călătoriile cu maşina?**

Solutions
1. **Îmi place România.**
2. **Îmi plac românii.**
3. Nous n'aimons pas marcher.
4. Vous aimez les voyages en voiture ?

↗ 12ᵉ jour

Ați pățit ceva?
Que vous est-il arrivé ?

1 **Am mâncat prea mult! Am băut prea multă țuică!**
   a-m mu-nkat prya moult! a-m beout prya moulte tsouyke
   J'ai trop mangé. J'ai bu trop de tsouïka !

2 **Apoi am mers prea repede și am căzut.**
   apoy a-m mérs prya répédé chi a-m kezout
   Puis je suis allé/e trop vite et je suis tombé/e.

3 **Dar eu, am fost la coafor și uite ce a ieșit!**
   dar yéou a-m fost la koafor chi ouyté tché a yéchit
   Et moi je suis allé/e chez le coiffeur et regarde ce que ça a donné !

4 **Eu n-am pățit nimic, totul e bine...**
   yéou na-m petsit nimik totoul yé biné
   Moi, il ne m'est rien arrivé, tout va bien...

5 **... dar am văzut un accident îngrozitor!**
   dar a-m vezout oun aktchidént u-ngrozitor
   ... mais j'ai vu un terrible accident !

Notes de grammaire

Le passé composé n'emploie que l'auxiliaire *avoir*, **a avea** + le participe passé des verbes.

INITIATION AU ROUMAIN

Infinitif	Auxiliaire	Participe	Traduction
-a : a mânca	(eu) am (tu) ai (el/ea) a (noi) am (voi) ați (e/ele) au	mâncat	j'ai mangé, tu as mangé...
-ea : a bea a vedea a cădea		băut văzut căzut	j'ai bu, tu as bu... j'ai vu, tu as vu... je suis tombé/e, ...
-e : a face a înțelege		făcut înțeles	j'ai fait, tu as fait... ; j'ai compris, tu as compris...
-i : a ieși a păți -î : a coborî		ieșit pățit coborât	je suis sorti/e, ... il m'est arrivé, il t'est arrivé... ; je suis descendu/e, ...

Le participe de **a fi**, *être* est **fost**, et de **a avea**, *avoir* : **avut**. **Les adverbes** ont généralement la même forme que l'adjectif masc. sing. : **mult** (adj./adv.), *beaucoup (de)*, sauf : **bun**, *bon* (adj.) / **bine**, *bien* (adv.) ; **rapid**, *rapide* (adj.) / **repede**, *vite* (adv.). **Nimic**, *rien*, est l'opposé de **ceva**, *quelque chose* : – **Ați pățit ceva?**, – *Il vous est arrivé quelque chose?* – **N-am pățit nimic**, – *Il ne nous/m'est rien arrivé*.

Entraînement – *Traduisez les phrases suivantes*
1. J'ai bien mangé.
2. Vous avez bu de la tsouïka ?
3. **Am băut prea mult vin !**
4. **N-am înțeles nimic.**

Solutions
1. Am mâncat bine.
2. Ați băut țuică ?
3. J'ai bu trop de vin !
4. Je n'ai rien compris.

🡵 13ᵉ jour

Cantități, distanță și timp
Quantité, distance et durée (temps)

1 Câte ore / minute va dura vizita?
kuté oré / minouté va doura vizita
Combien d'heures / minutes durera la visite ?

2 Câte persoane vor veni?
kuté pérsoané vor véni
Combien de personnes vont venir ?

3 Vom fi douăzeci și cinci de persoane.
vo-m fi doouezétchi chi tchi-ntchi dé persoané
Nous serons 25 personnes.

4 Câți kilometri sunt de la Brașov până la frontiera ucraineană?
kutsi kilométri sount dé la brachov pune la frontyéra oukraynyane
Combien y a-t-il de kilomètres entre Brașov et la frontière ukrainienne ?

Notes de grammaire

L'adjectif **cât, câtă, câți, câte**, *combien de*, s'accorde avec le substantif en genre et en nombre : **cât timp** (masc. sing.), *combien de temps* ; **câtă apă** (fém. sing.), *combien d'eau* ; **câți kilometri** (masc. pl.), *combien de kilomètres* ; **câte persoane** (fém. sing.), *combien de personnes*. Dans **Cât costă?**, *Combien ça coûte ?*, **cât** est adverbe.

Le futur emploie l'auxiliaire **voi, vei, va, vom, veți, vor** + l'infinitif du verbe : **voi fi, vei fi, va fi, vom fi, veți fi, vor fi**, *je serai, tu seras,…*

INITIATION AU ROUMAIN

Les numéraux supérieurs à 20 : les dizaines se forment en ajoutant **-zeci** aux chiffres de 2 à 9 : *20* **douăzeci**, *30* **treizeci**, *40* **patruzeci**, *50* **cincizeci**, *60* **şaizeci**… *100* se dit **o sută**, *200* **două sute**, *300* **trei sute**… *1000* **o mie**, *2000* **două mii**, *3000* **trei mii**… Remarquez les formes masc. et fém. de 2 : **doi, două**. Au-dessus de 19, le substantif se fait précéder de la préposition **de** : **19 persoane, 20 de persoane**.

Entraînement – Traduisez les phrases suivantes

1. Ça dure 2 heures.
2. Ça coûte 350 lei/euros.
3. **Vom sosi la ora douăsprezece.**
4. **Câţi kilometri mai sunt până la frontieră?**

Solutions

1. **Durează două ore.**
2. **Costă trei sute cincizeci de lei/euro.**
3. Nous arriverons à 12 h.
4. Combien de kilomètres y a-t-il encore jusqu'à la frontière?

↗ 14ᵉ jour

Circuit Dracula
Le circuit de Dracula

1 **Vreau să descopăr locurile turistice şi legendare ale lui Dracula.**
vryaou se déskoper lokourilé touristitché chi lédje-ndaré alé louy drakoula
Je veux découvrir les lieux touristiques et légendaires de Dracula !

2 **Trebuie să citiţi întâi istoria şi legendele lui Vlad Ţepeş.**
trébouyé se tchitits' u-ntuy istoriya chi ledjendélé luy vlad tsépéch
Il faut d'abord lire l'histoire et les légendes sur Vlad l'Empaleur.

3 **De acord, dar trebuie să mă ajutaţi, să-mi explicaţi.**
dé akord dar trébouyé se me ajoutats', se-m' eksplikats'
D'accord, mais vous devez m'aider, m'expliquer.

4 **Sigur! Dar nu trebuie să vă speriaţi, în România nu există vampiri!**
sigour! dar nou trébouyé se ve spéryats' u-n romuniya nou egziste va-mpir'
Bien sûr, mais il ne faut pas paniquer ("vous effrayer"), en Roumanie il n'y a pas de vampires !

Notes de grammaire

Le verbe **a trebui**, *falloir*, *devoir*, est invariable (**trebuie**, *il faut*) et le verbe qui suit se met au subjonctif (**trebuie să citesc**, *je dois lire*, **trebuie să citeşti**, *tu dois lire*…).

Observez la place des pronoms objet dans cette suite : **trebuie să mă ajutaţi**, *vous devez m'aider* ; **trebuie să-mi explicaţi**, *vous*

INITIATION AU ROUMAIN

devez m'expliquer ; **nu trebuie să vă speriați**, *vous ne devez pas vous effrayer.*

Pronoms objets directs (OD), indirects (OI) et réfléchis (R) :
OI : **îmi, îți, îi, ne, vă, le**, *me te, lui, nous, vous, leur*
OD : **mă, te, îl, o, ne, vă, îi, le**, *me, te, le, la, nous, vous, les*
R : **mă, te, se, ne, vă, se**, *me, te, se, nous, vous, se*

Les verbes en -ea sont plutôt irréguliers, tels **a vrea**, *vouloir* ; **a bea**, *boire* ; **a cădea**, *tomber* :

vreau, *je veux*	beau, *je bois*	cad, *je tombe*
vrei, *tu veux*	bei, *tu bois*	cazi, *tu tombes*
vrea, *il veut*	bea, *il boit*	cade, *il tombe*
vrem, *nous voulons*	bem, *nous buvons*	cădem, *nous tombons*
vreți, *vous voulez*	beți, *vous buvez*	cădeți, *vous tombez*
vor, *ils veulent*	beau, *ils boivent*	cad, *ils tombent*

Entraînement – Traduisez les phrases suivantes
1. Tu veux voir ?
2. Tu dois m'aider.
3. **Nu trebuie să beți.**
4. **Vreți să vă explic ?**

Solutions
1. **Vrei să vezi ?**
2. **Trebuie să mă ajuți.**
3. Vous ne devez pas boire.
4. Vous voulez que je vous explique ?

↗ 15ᵉ jour

Mi-e rău
Je me sens mal

1 Ce vă doare? Spuneți-mi ce vă supără?
tché ve doaré? spounétsi-mi tché ve soupere
Qu'est-ce qui vous fait mal? Dites moi ce qui vous ennuie?

2 Mi-e greață. Îmi vine să vomit.
myé gryatse umi viné se vomit
J'ai mal au cœur. J'ai envie de vomir.

3 Trebuie să vă ascult. Dezbrăcați-vă, vă rog!
tyrébouyé se ve askoult dézbrekatsive ve rog
Je dois vous ausculter. Déshabillez-vous, s.v.p.!

4 Vă internez.
ve i-nternéz
Je vous ("fais") hospitalise("r").

Notes de grammaire

Les pronoms personnels objets indirects s'utilisent :
- avec des verbes de communication : **spuneți-mi**, *dites-moi*...
- dans des expressions :

îmi place	îmi trebuie	mi-e frig/cald/ foame/sete	îmi vine să
j'aime	*il me faut*	*j'ai froid/chaud/ faim/soif*	*j'ai envie de*
"me plaît"	"me faut"	"m'est froid"	"me vient que"

îți place, *tu aimes* "te plaît" mais **ți-e frig** *tu as froid* "t'est froid" ;
puis **îi**, *lui* ; **ne**, *nous* ; **vă**, *vous* ; **le**, *leur*.

INITIATION AU ROUMAIN

Les pronoms personnels objets directs (mă, te, îl, o, ne vă, îi, le, *me te, le, la, nous, vous, les*) s'utilisent :
- avec des verbes transitifs comme : **a interna**, *hospitaliser* ; **a asculta**, *ausculter, écouter).*
- dans des constructions figées comme : **a-l durea**, *faire mal* : **mă doare/dor, te doare/dor, îl/o doare/dor, ne doare/dor, vă doare/dor, îi/le doare/dor**, *j'ai mal à, tu as mal à…* Ex. : **Mă doare capul**. (sing), *J'ai mal à la tête*. ; **Mă dor picioarele**. (pl.), *J'ai mal aux jambes.*
- à la voix réfléchie (**mă, te, se, ne vă, se**, *me, te, se, nous, vous, se*), comme pour **a se dezbrăca**, *se déshabiller* : **mă dezbrac, te dezbraci, se dezbracă, ne dezbrăcăm, vă dezbrăcați, se dezbracă**, *je me déshabille, tu te déshabilles,…*

Entraînement – Traduisez les phrases suivantes
1. J'ai chaud. Donnez-moi un peu d'eau, s.v.p. !
2. Vous avez besoin de quelque chose ?
3. **Trebuie să vă internez.**
4. **Vă doare ceva?**

Solutions
1. **Mi-e cald. Dați-mi puțină apă, vă rog!**
2. **Vă trebuie ceva?**
3. Je dois vous (faire) hospitaliser.
4. Quelque chose vous fait mal ?

↗ 16ᵉ jour

La restaurant
Au restaurant

1 **Ce v-ar plăcea?**
   tché var pletcha
   Qu'aimeriez-vous ?

2 **Ne puteți aduce pâine prăjită, dacă aveți?**
   né poutéts' adoutché puyné prejite dake avets'
   Vous pouvez nous apporter du pain grillé, si vous en avez ?

3 **Am dori și farfurii mai mari. Se poate?**
   am dori chi farfouri may mar'. sé poaté
   Nous aimerions aussi des assiettes plus grandes. C'est possible ?

4 **Și aduceți-mi alt pahar, vă rog.**
   chi adoutchétsim' alt pahar ve rog
   Et apportez-moi un autre verre, s.v.p.

5 **Mi-ați adus nota de plată?**
   myats' adous nota dé plate
   Vous m'avez apporté l'addition ?

Notes de grammaire

L'article partitif et le pronom adverbial *en* n'ont pas d'équivalents en roumain. On dit simplement : **apă**, *de l'eau* ; **pâine**, *du pain* ; **cartofi prăjiți**, *des pommes de terre* ; **Aș dori o bere brună, dacă aveți.**, *J'aimerais une bière brune, si vous en avez.*

La position des pronoms objets varient d'une forme verbale à l'autre :
Passé composé : **mi-ați adus**, *vous m'avez apporté*

Conditionnel : **mi-ar plăcea**, *j'aimerais, il me plairait*
Impératif : **aduceți-mi!**, *apportez-moi!*
a putea + subjonctif : **puteți să-mi dați?**, *vous pouvez me donner?*
a putea + infinitif : **îmi puteți da?**, *vous pouvez me donner?*

L'adjectif **alt, altă, alți, alte**, *un autre, une autre, d'autres* :
alt pahar, *(un) autre verre*, **altă farfurie**, *(une) autre assiette*, **alți cartofi**, *d'autres pommes de terre*, **alte furculițe**, *d'autres fourchettes*.

Entraînement – Traduisez les phrases suivantes
1. Je voudrais de la bière, si vous en avez.
2. Apportez-nous d'autres pommes de terre, s.v.p.
3. **Aduceți-mi nota de plată, vă rog.**
4. **Nu mi-ați adus pâine!**

Solutions
1. **Aș dori bere, dacă aveți.**
2. **Aduceți-ne alți cartofi, vă rog.**
3. Apportez-moi l'addition, s.v.p.
4. Vous ne m'avez pas apporté de pain!

↗ 17ᵉ jour

La hotel
À l'hôtel

1 **O, recepția e închisă! La ce oră se deschide?**
o rétcheptsiya yé u-nkisse! la tché ore sé deskidé
Oh (non), la réception est fermée! À quelle heure ouvre-t-elle?

2 **La opt. Apropo, apartamentul vostru e bine dotat?**
la opt. apropo apartame-ntoul vostrou yé biné dotat
À 8 h. À propos, votre appartement est bien équipé?

3 **Becul de la veioză e ars!**
békoul dé la véyoze yé ars
L'ampoule de ma lampe de chevet est grillée!

4 **Robinetul e nereparat, iar ușa e blocată!**
robinétoul yé néréparat yar oucha yé blokate
Le robinet n'est pas réparé, et la porte est bloquée!

5 **Dar omul acela a ieșit din camera noastră!**
dar omoul atchéla a yéchit di-n kaméra noastre
Mais cet homme est sorti de notre chambre!

Notes de grammaire

Le passif emploie le verbe *être*, **a fi** + le participe passé accordé : **apartamentul e mobilat**, *l'appartement est meublé* ; **ușa e deschisă**, *la porte est ouverte* ; **dulapurile sunt nereparate**, *les placards ne sont pas réparés*. (Remarquez la forme négative du participe!)

Se deschid/e, *s'ouvre/nt*, a un sens passif.

Les adjectifs démonstratifs précèdent le substantif ou sont postposés. Attention aux différences de formes : **acest om, omul acesta**, *cet homme* ; **această masă, masa aceasta**, *cette table* ; **acești turiști, turiștii aceștia**, *ces touristes* ; **aceste persoane, persoanele acestea**, *ces personnes*. Les formes populaires sont, respectivement : **ăsta, asta, ăștia, astea**, *comme dans* : **oamenii ăștia**, *ces gens*.

Entraînement – Traduisez les phrases suivantes
1. L'appartement est réservé ?
2. La réception ouvre à 6 h.
3. **Masa e ocupată !**
4. **Ușa nu se deschide ! E blocată.**

Solutions
1. **Apartamentul e rezervat ?**
2. **Recepția se deschide la (ora) șase.**
3. La table est occupée !
4. La porte ne s'ouvre pas ! Elle est bloquée.

↗ 18e jour

Vremea
Le temps qu'il fait

1. **Azi e o vreme splendidă!**
   azʲ yé o vrémé splé-ndide
   Aujourd'hui, il fait un temps magnifique.

2. **Să profităm ca să mergem la mare!**
   se profite-m ka se merdjém la maré
   Profitons-en pour aller voir la mer !

3. **Ia tot ce trebuie pentru soare: ochelari, cremă, umbrelă.**
   ya tot tché trébouyé pe-ntrou soaré okélarʲ créme, u-mbréle
   Prends tout ce qu'il faut pour le soleil : lunettes, crème, parasol.

4. **Vara e cald în România.**
   vara yé kald u-n romunɨya
   Il fait chaud l'été en Roumanie.

5. **Dar iernile sunt destul de friguroase.**
   dar yernilé sount destoul dé frigouroassé
   Mais les hivers sont assez froids.

Notes de grammaire

Le verbe météorologique correspondant à *il y a*, *il fait* est **e(ste)**, suivi des substantifs **cald**, *chaud*, **frig**, *froid* **vară**, *été*, **iarnă**, *hiver*, **vreme**, *temps* : **e vreme bună**, *il fait beau (temps)*, **e cald**, *il fait chaud*, **e vânt**, *il fait du vent*.

Destul, destulă, destui, destule, *assez*, est adjectif, et **destul (de)**, est adverbe : **Ai stat destul la soare!** *Tu es suffisamment resté au soleil !* ; **Ai băut destulă apă?**, *Tu as bu assez d'eau ?* ; **E destul de cald**, *Il fait assez chaud*.

INITIATION AU ROUMAIN

Le verbe **a lua**, *prendre*, est irrégulier à l'indicatif présent : **iau, iei, ia, luăm, luaţi, iau**, *je prends, tu prends*…, et à l'impératif singulier : **Ia!**, *Prends!*

Entraînement – Traduisez les phrases suivantes
1. Prends de l'eau !
2. Aujourd'hui il fait froid.
3. Să profităm de soare!
4. Să mergem la mare : e cald.

Solutions
1. Ia apă!
2. Azi e frig.
3. Profitons du soleil !
4. Allons à la mer : il fait chaud.

↗ 19ᵉ jour

Care e mașina dumneavoastră?

Quelle est votre voiture ?

1 **Asigurarea dumneavoastră e expirată!**
   assigour*a*rya doumnyavo*a*stre yé ekspirate
   Votre assurance est expirée !

2 **Aș dori să văd permisul dumneavoastră... Da, al dumneavoastră!**
   ach dori se ved permiss*ou*l doumnyavo*a*stre... da al doumnyavo*a*stre
   J'aimerais voir votre permis de conduire. Oui, le vôtre.

3 **Cauciucurile v-au fost sparte?**
   kaoutch*ou*kourilé v*a*ou fost sparté
   Quelqu'un a crevé vos pneus ?

4 **A, nu! Asta e mașina mea, aceea e a lui Jean!**
   a nou asta yé machina mya atch*é*ya yé a l*ou*y jan
   Ah, non ! Ma voiture est celle-ci, celle-là est à Jean !

5 **Dar mașinile dumneavoastră sunt identice! Pot fi ușor confundate!**
   dar machinilé doumnyavo*a*stre sount id*e*ntitché ! pot fi ouch*o*r ko-nfound*a*té
   Mais vos voitures sont identiques ! Elles peuvent facilement être confondues !

Notes de grammaire

La possession s'exprime par :
- des adjectifs accompagnant des substantifs : **mașina mea**, *ma voiture...*, **permisul dumneavoastră**, *votre permis*

INITIATION AU ROUMAIN

- des pronoms : **al meu**, *le mien* ; **a mea**, *la mienne* ; **al dumneavoastră**, *le vôtre* ; **a dumneavoastră**, *la vôtre*...
- des substantifs au génitif : **maşina lui Jean**, *la voiture de Jean* ; **asigurarea domnului Martin**, *l'assurance de Monsieur Martin*...

Les adjectifs possessifs sont : **meu, mea, mei, mele**, *mon, ma, mes* ; **tău, ta, tăi, tale**, *ton, ta, tes* ; **nostru, noastră, noştri, noastre**, *notre, nos* ; **vostru, voastră, voştri, voastre**, *votre, vos* ; **dumneavoastră**, *votre, vos* (formes de politesse). Les pronoms correspondants sont précédés de : **al, a, ai, ale**, comme dans **al dumneavoastră**, *le vôtre*.

Les adjectifs démonstratifs d'éloignement sont : **acel(a)**, *celui-là*, **acea/aceea**, *celle-là*, **acei/a**, *ceux-là*, **acele/a**, *celles-là*. Ils s'opposent aux formes de proximité : **Asta e maşina mea, aceea e a lui Jean.**, *Celle-ci est ma voiture, celle-là est à Jean*.

Entraînement – Traduisez les phrases suivantes
1. Votre voiture est réparée.
2. Notre permis est expiré.
3. **Asigurarea domnului Defrance e valabilă.**
4. **Unde e maşina noastră?**

Solutions
1. **Maşina voastră/dumneavoastră e reparată.**
2. **Permisul nostru e expirat.**
3. L'assurance de Monsieur Defrance est valable.
4. Où est notre voiture ?

↗ 20ᵉ jour

Mi-am pierdut pașaportul
J'ai perdu mon passeport

1 **V-ați pierdut ceva?**
   vatsʲ pyérdout tchéva
   Vous avez perdu quelque chose ?

2 **Nu-mi găsesc actele.**
   noumʲ gessésk aktélé
   Je ne trouve pas mes papiers.

3 **Trebuie să-mi caut și cardul bancar.**
   trébouyé semʲ kaout chi kardoul ba-nkar
   Je dois aussi chercher ma carte bancaire.

4 **Cineva v-a găsit actele: sunt la poliție.**
   tchinéva va gessit aktélé sount la politsiyé
   Vos papiers ont été retrouvés par quelqu'un : ils sont à la police.

5 **Trebuie să merg la poliție să-mi recuperez pașaportul.**
   trébouyé se merg la politsiyé semʲ rékoupéréz pachaportoul
   Je dois me rendre au commissariat pour récupérer mon passeport.

Notes de grammaire

La possession s'exprime souvent par des pronoms personnels au datif : attention à la place que prennent ces pronoms avec les différentes formes verbales :
- Indicatif présent : **Îmi caut pașaportul.**, *Je cherche mon passeport.* ; **Nu-mi găsesc pașaportul.**, *Je ne trouve pas mon passeport.*
- Passé composé : **Mi-am pierdut pașaportul.**, *J'ai perdu mon passeport.*

INITIATION AU ROUMAIN

- Subjonctif : **Trebuie să-mi caut pașaportul.**, *Je dois chercher mon passeport.*
- Impératif : **Căutați-mi pașaportul, vă rog!**, *Cherchez mon passeport, s.v.p. !*

Entraînement – Traduisez les phrases suivantes
1. J'ai perdu mon passeport !
2. J'ai trouvé mes papiers !
3. **Nu mi-am pierdut nimic.**
4. **Luați-vă biletul, vă rog!**

Solutions
1. **Mi-am pierdut pașaportul!**
2. **Mi-am găsit actele!**
3. Je n'ai rien perdu.
4. Prenez votre billet, s.v.p. !

↗ 21ᵉ jour

Pierderi, furturi
Pertes, vols

1 **V-a dispărut ceva?/Vi s-a furat ceva?**
va disperout tchéva/vi sa fourat tchéva
On vous a volé quelque chose?

2 **Mi-au dispărut bijuteriile.**
myaou disperout bijoutériyilé
Mes bijoux ont disparu.

3 **Mie nu mi s-a furat nimic, dar mi-am pierdut geanta.**
miyé nou mi sa fourat nimik, dar myam pyérdout djanta
Moi, on ne m'a rien volé, mais j'ai perdu mon sac.

4 **Și portmoneul îmi era în geantă!**
chi portmonéoul u-miᶦ yéra u-n dja-nte
Et il y avait mon porte-monnaie dedans!

5 **Trebuie să faceți o declarație la poliție.**
trébouyé se fatchéts¹ o deklaratsiyé la politsiyé
Vous devez faire une déclaration au commissariat.

Notes de grammaire

Les pronoms réfléchis peuvent avoir un **sens passif ou intensif**, comme dans : **s-a furat**, *on a volé* ; ou, respectivement, **s-a găsit hoțul**, *le voleur a été trouvé*.

Le datif possessif s'associe à des structures verbales :
- simples : **Îmi caut soțul.**, *Je cherche mon mari.* ; **Mi-au dispărut bijuteriile.**, *Mes bijoux ont disparu.*
- plus complexes : avec des verbes pronominaux (**mi s-a furat cardul bancar**, *ma carte bancaire a été volée*) ou des suites

à deux verbes (**îmi puteți căuta actele?**, *vous pouvez chercher mes papiers?*).

Entraînement – Traduisez les phrases suivantes
1. Ma carte bancaire a disparu!
2. Pouvez-vous trouver mon passeport?
3. **Mi-au dispărut toți banii!**
4. **Mi s-a furat permisul auto.**

Solutions
1. **Mi-a dispărut cardul!**
2. **Îmi puteți găsi pașaportul?**
3. Tout mon argent a disparu!
4. On m'a volé mon permis de conduire.

Conversation

↗ **Premiers contacts**

Comme presque tous les peuples latins, les Roumains entrent facilement en contact, en revanche ils vont garder le vouvoiement assez longtemps. Ils se serrent la main lors des présentations et entre hommes. Les femmes se font souvent la bise – mais moins que les Français/es ! Les Roumains vous invitent tout de suite chez eux, et leur hospitalité passe presque obligatoirement par un verre de tsouïka. Ils sont assez cérémonieux, mais une fois la glace brisée, ils se lancent dans des discussions profondes, empreintes d'humour.

Salutations

Prise de contact

Bună ziua!, *Bonjour!* est la formule utilisée dans des situations conventionnelles, mais les amis se disent **Salut!, Bună!,** (littéralement "bon"). En Transylvanie, on dit **Servus!**, "serviteur" en latin. C'est une ellipse de l'expression latine *"ego sum servus tuus"* (littéralement "Je suis votre serviteur"), ressuscitée et reprise en roumain aux XVIIe-XIXe siècles par l'intermédiaire des élites allemandes latinophones, qui l'ont répandue dans toute l'Europe centrale et orientale.

Selon le moment de la journée, on ne se dit pas "Bonjour" de la même façon :

Bonjour! (tôt le matin)	**Bună dimineața!**	*boune diminyatsa*
Bonjour!	**Bună ziua!**	*boune zioua*
Bonsoir!	**Bună seara!**	*boune syara*
Bonne nuit!	**Noapte bună!**	*noapte boune*

Pour prendre congé

Avant de tirer sa révérence, pensez à ces quelques formules :

Au revoir !	La revedere!	la révédéré
À demain !	Pe mâine!	pe muyné
À la semaine prochaine !	Pe săptămâna viitoare!	pe septemuna viyitoare
Bonne journée !	O zi bună!	o zi boune
Bon après-midi !	O după-amiază plăcută!	o doupe-amyaze plekoute
Bonne soirée !	O seara bună / plăcută!	o syare boune/plekoute
À plus tard.	Pe mai târziu.	pé may turziou
À bientôt.	Pe curând.	pé kouru-nd
À plus.	Pa.	pa

Souhaits

En général, **La mulţi ani!** (litt. "À beaucoup d'années") est une expression régulièrement utilisée lors de fêtes et anniversaires, ainsi que pour trinquer, et elle peut correspondre aussi bien à *Bonne Année*, *Bon anniversaire* ou *À la vôtre*...
Plus précisément, on dira :

Joyeuses fêtes !	Sărbători fericite!	serbetor[i] féritchité
Joyeux Noël !	Crăciun fericit!	kretchyoun féritchit
Joyeuses Pâques !	Paşte fericit!	pachté férichit
Meilleurs vœux !	Urări de bine!	ourer[i] dé biné
Bonne année !	An Nou fericit!	a-n noou féricit
Joyeux anniversaire !	La mulţi ani!	la moults[i] an[i]
Santé !	Sănătate!	senetaté
À la vôtre !	Noroc / Sănătate!	norok/senetaté
Félicitations !	Felicitări!	félitchiter[i]

Quand on accueille des gens, on utilise :

Bienvenue !
Bine ați venit! (pl./V) / **Bine ai venit!** (sg./T)*
biné atsⁱ vénit / biné ay vénit

D'autres formules :

Bonne chance !	Succes! / Noroc!	*souktchés / norok*
Bon voyage !	Drum bun!	*droum boun*
Bonnes vacances !	Vacanță plăcută!	*vaka-ntse plekoute*
Bon appétit !	Poftă bună!	*pofte boune*

À la sortie de table, il faut remercier pour le repas par la formule **Mulțumesc de masă!** *Merci pour le repas.* L'hôtesse de la maison répondra toujours **Să vă fie de bine!** *[se ve fiyé dé biné]* "que cela soit pour votre bien", dont il n'y a pas d'équivalence en français.

Accord, désaccord

Oui.	Da.	*da*
Oui, bien sûr.	Da, sigur.	*da sigour*
Non.	Nu.	*nou*
Non, malheureusement.	Nu, din păcate.	*nou di-n pekaté*
Il n'en est pas question.	Nici vorbă.	*nitchⁱ vorbe*
Peut-être.	Poate.	*poaté*
Je ne sais pas.	Nu știu.	*nou chtiou*
Je suis d'accord.	De acord.	*dé akord*
Je ne suis pas d'accord.	Nu sunt de acord.	*nou sount dé akord*

* V = vouvoiement ; T = tutoiement.

Questions et réponses

Qui?– Quelqu'un.	Cine?–Cineva.	tchi-né- tchinéva
Quoi?– Quelque chose.	Ce?–Ceva.	tché - tchéva
Où?– Quelque part.	Unde?–Undeva.	oundé - oundéva
Quand?– Un jour.	Când?–Cândva.	ku-nd – ku-ndva
Comment?– D'une certaine façon.	Cum?– Cumva.	koum – kou-mva
Pourquoi?– Parce que…	De ce?– Pentru că…	dé tché – pe-ntrou ke
Combien? – Quelques-un/e/s.	Cât? Câtă? Câţi? Câte?–Câtva, câtăva, câţiva, câteva.	kut, kute, kuts¹, kuté – kutva, kuteva, kuts¹va, kutéva

Où se trouve Tighina? En Moldavie.
Unde e Tighina? În Moldova.
oundé yé tiguina u-n moldova

Quel temps fait-il? Il fait chaud.
Cum e vremea? E cald.
koum yé vrémya yé kald

Comment s'appelle le fleuve qui passe en Roumanie? Le Danube.
Cum se numeşte fluviul care trece prin România? Dunărea.
koum sé nouméchté flouvyoul karé trétché pri-n romuniya dunerya

Formules de politesse

S'il vous plaît…	Vă rog…	ve rog
Merci.	Mersi./Mulţumesc.	mersi/moultsoumésk
Merci, de même!	Mulţumesc, la fel!	moultsoumésk la fél
De rien./ Je vous en prie.	Pentru puţin./ Cu plăcere.	pe-ntrou poutsi-n/ kou pletchéré

Langues et compréhension

Parlez-vous...	Vorbiți...	vorbits'
roumain ?	românește?	romunéchté
espagnol ?	spaniola?	spanyola
italien ?	italiana?	italyana
français ?	franceza?	fra-ntchéza
anglais ?	engleza?	e-ngléza
allemand ?	germana?	djermana
néerlandais ?	neerlandeza?	néerla-ndéza
russe ?	rusa?	roussa

Je ne comprends pas.
Nu înțeleg.
nou u-ntséleg

Pourriez-vous répéter, s.v.p. ?
Puteți repeta, vă rog?
poutéts' répéta ve rog

Pouvez-vous parler plus lentement s.v.p. ?
Puteți vorbi mai rar, vă rog?
poutéts' vorbi may rar ve rog

Comment dit-on ça en roumain ?
Cum se spune în română?
koum sé spouné u-n romune

Qu'est-ce que ça signifie ? / Que signifie... ?
Ce înseamnă (asta)?
tché u-nsya-mne asta

CONVERSATION 61

↗ Rencontres et présentations

Les Roumains entrent en contact en vous posant des questions sur vos origines, votre famille, votre itinéraire ou en parlant du temps qu'il fait. À noter également, ils ne tutoient pas les inconnus, mais les interrogent sur les raisons de leur visite en Roumanie, et offrent volontiers des indications de route ou autres. Mais prenez garde, ils ne sont pas toujours rigoureux dans leurs indications !

Dire d'où l'on vient

D'où êtes-vous ?
De unde sunteți?
dé oundé sou-ntéts'

D'où venez-vous ? Du Canada ?
De unde veniți? Din Canada?
dé oundé vénits' di-n kanada

De France.
Din Franța.
di-n fra-ntsa

Où allez-vous ?
Unde mergeți?
oundé mergéts'

À Bucarest.
La București.
la boukourecht'

Où habitez-vous ?
Unde locuiți?
oundé lokouyits'

En Suisse, à Genève.
În Elveția, la Geneva.
u-n elvétsiya la djénéva

En Tunisie, à Sousse.
În Tunisia, la Sousse.
u-n tounisiya la sous

Dire d'où l'on vient intéresse énormément les Roumains. Voici du vocabulaire supplémentaire, pour indiquer sa nationalité :

Je suis...	Sunt...
roumain/e	român/că
suisse	elvețian/că
français/e	francez/frantuzoaică
tunisien/ne	tunisian/că
canadien/ne	canadian/că
belge	belgian/că
malgache	malgaș/ă
algérien/ne	algerian/că

Vous pouvez plus facilement indiquer votre origine en faisant précéder les noms de vos pays ou villes d'origine par **din** : **Sunt(em) din Franța / Elveția / Belgia / Canada / Tunisia / Madagascar / Algeria // Bruxelles / Paris / Marsilia / Geneva / Berna / Alger**... Remarquez que les noms des lieux plus connus par les Roumains ont été adaptés à la phonétique du roumain.

Se présenter ou présenter quelqu'un

Je vous présente mon ami/e...
Vă prezint pe prietenul meu.../ pe prietena mea...
ve prézi-nt pé priyétenoul méou/pé priyéténa mya

Comment vous appelez-vous/t'appelles-tu ?
Cum vă cheamă/te cheamă?
kou-m ve kyame/té kyame

Je m'appelle…
Mă cheamă…
me kyame

Ravi/e (de faire votre connaissance)!
Încântat/ă (să vă cunosc)!
u-nku-ntat/e (se ve kounosk)

Tout le plaisir est pour moi.
Plăcerea e de partea mea.
pletchérya yé dé partya mya

Tu connais ma fille?
O cunoşti pe fiica mea?
o kounocht' pé fika mya

C'est ma femme. Et voici mes enfants.
Ea e soţia mea. Şi iată copiii.
ya yé sotsiya mya chi yate kopiyi

Dire son âge

On demande l'âge surtout aux enfants, mais dans certaines situations, demander l'âge à un adulte est nécessaire.

Quel âge as-tu/avez-vous?
Ce vârstă ai/aveţi?
tché vurste ay/avéts'

(J'ai) 30 ans.
(Am) 30 de ani.
(a-m) 30 dé a-n'

Comme pour les fins de repas, une autre formule est obligatoire en roumain quand on apprend l'âge d'une personne – expression qui provient probablement d'une superstition. **Mulți înainte!** "beaucoup d'années d'ici en avant", formule difficilement traduisible en français.

Quelle est ta/votre date de naissance ?
Care e data ta/dumneavoastră de naștere ?
karé yé data ta/doumnyavoastre dé nachtéré

Nous sommes nés/nées le même jour !
Ne-am născut în aceeași zi!
nya-m neskout u-n atchéyachi zi

Je suis né/e en 1987.
M-am născut în o mie nouă sute optzeci și șapte.
ma-m neskout u-n o miyé noue souté optzétchi chi chapté

Pour comprendre ou répondre aux questions sur l'âge ou la date de naissance, consultez le tableau des nombres dans les rabats.

Famille

Pour informer sur votre situation familiale, vous pouvez dire :

Je suis… / Vous êtes…	Sunt… / Sunteți…	sou-nt / sou-ntétsi
célibataire	necăsătorit/ă.	nékessetorit/e
marié/e	căsătorit/ă.	kessetorit/e
divorcé/e	divorțat/ă.	divortsat/e
veuf/veuve	văduv/ă.	vedouv/e

Ne soyez pas contrariés si les Roumains vous posent des questions sur votre situation familiale. C'est habituel en Roumanie. Enfin, pour les personnes qui vous accompagnent, vous dites :

Je suis venu/e avec...	**Am venit cu...**	*am vénit kou*
mon mari.	**soțul meu.**	*sotsoul méou*
ma femme.	**soția mea.**	*sotsiya mya*
mes parents.	**părinții mei.**	*peri-ntsi méy*
mon père.	**tatăl meu.**	*tatel méou*
ma mère.	**mama mea.**	*mama mya*
mon frère.	**fratele meu.**	*fratélé méou*
ma sœur.	**sora mea.**	*sora mya*
mon fils.	**fiul meu.**	*fioul méou*
ma fille.	**fiica mea.**	*fika mya*
mon cousin.	**vărul meu.**	*veroul méou*
ma cousine.	**verișoara mea.**	*vérichoara mya*

Les Roumains parlent volontiers de leurs enfants, et vous posent des questions sur les vôtres.

Vous avez des enfants ?
Aveți copii?
avétsi kopi

Je n'ai pas / Nous n'avons pas d'enfants.
Nu am / avem copii.
nou a-m / avé-m kopi

J'ai / Nous avons deux enfants : une fille et un garçon.
Am / Avem doi copii: o fată și un băiat.
a-m / avé-m doy kopi o fate chi oun beyat

La famille c'est aussi :

grands-parents	bunici	boun*itch*i
grand-père	bunic	boun*ik*
grand-mère	bunică	boun*ike*
oncle	unchi	**ou**-nk*i*
tante	mătuşă	met**ou**che
jumeau, jumelle	geamăn/ă	dj*a*men/e

Emplois, occupations, études

Voici quelques exemples de phrases en rapport avec la profession / les études :

Quel est votre métier ?
Ce meserie aveţi?
*tché méssériyé av**é**ts*i

Je cherche du travail.
Caut de lucru.
*k*a*out dé l**ou**krou*

Quelles études faites-vous / fais-tu ?
Ce studii faceţi / faci?
*tché st**ou**di fatchéts*i */ fatch*i

Je suis étudiant/e.
Sunt student/ă.
*sount stoud**e**nt/e*

Je fais / Il / Elle fait des études de...
(Eu) fac / (El/Ea) face studii de...
*(y**é**ou) fak / (y**é**l/ya) fatché st**ou**di dé*

architecture	**arhitectură**	arhitekt**ou**re
biologie	**biologie**	byolodj**i**yé
chimie	**chimie**	kim**i**yé
droit	**drept**	drept
géographie	**geografie**	gyografi**y**é
géologie	**geologie**	géolodj**i**yé
histoire	**istorie**	ist**o**riyé
informatique	**informatică**	i-nform**a**tike
littérature	**literatură**	litérat**ou**re
mathématiques	**matematică**	matém**a**tike
philosophie	**filosofie**	filossofi**y**é
physique	**fizică**	f**i**zike
sciences économiques	**ştiinţe economice**	chtiyints**é** ékon**o**mitché
sciences de l'environnement	**ştiinţa mediului**	chtiyintsa m**é**dyoulouy
sciences politiques	**ştiinţe politice**	chtiyints**é** pol**i**titché
tourisme	**turism**	tour**i**sm

Pour les métiers ci-dessous, certaines formes féminines françaises ne sont pas utilisées en roumain :

Je suis...	Sunt	*sou-nt*
acteur, actrice	**actor, actriţă**	akt**o**r, aktr**i**tse
agriculteur/-trice	**agricultor**	agrikoult**o**r
architecte	**arhitect/ă**	arhit**é**kt/e
assistant/e	**asistent/ă**	assist**e**-nt/e
...médical/e	**...medical/ă**	... méd**i**kal/e
... social/e	**... social/ă**	... s**o**tchyal/e
... universitaire	**... universitar/ă**	... universit**a**r/e

avocat/e (juriste)	**avocat (jurist)**	avokat (jourist)
boulanger/-ère	**brutar**	broutar
chauffeur (de bus/poids lourd/taxi)	**șofer (de autobuz/de camion/de taxi)**	chofér (dé aoutobouz/kamyon/taxi)
chercheur/-euse	**cercetător/toare**	tchertchétetor/toaré
consultant/e	**consultant**	ko-nsoulta-nt
cuisinier/-ière	**bucătar/easă**	bouketar/bouketeryasse
dentiste	**dentist/ă**	de-ntist/e
employé (administratif/de banque)	**funcționar (administrativ/de bancă)**	fou-nktsyonar (administrativ/dé ba-nke)
étudiant/e	**student/ă**	stoude-nt/e
infirmier/-ière	**infirmier/ă**	i-nfirmyér/e
informaticien/ne	**informatician/ă**	i-nformatitchya-n/e
ingénieur/e	**inginer/ă**	i-ndjinér/e
instituteur/-trice	**învățător/toare**	u-nvetsetor/toaré
jardinier/ière	**grădinar**	gredinar
médecin	**medic**	médik
ouvrier/-ière	**muncitor/toare**	mountchitor/toaré
plombier	**instalator**	i-nstalator
policier/-ière	**polițist/ă**	politsist/e
pompier	**pompier**	po-mpyér
professeur, enseignant/e	**profesor/oară, cadru didactic**	proféssor/oare, kadrou didaktik
retraité/e	**pensionar/ă**	pe-nsyonar/e
secrétaire	**secretar/ă**	sécrétar/e
technicien/ne	**tehnician/ă**	téhnitchya-n/e
vendeur/-euse	**vânzător/toare**	vu-nzetor/toaré

Religion

Depuis la chute du communisme, la liberté de culte s'exerce en Roumanie. Majoritairement orthodoxes, les Roumains sont aussi catholiques, réformés, athées, etc. Voici quelques termes utiles :

Vous êtes…?/Je suis…	Sunteți…?/Sunt…	sou-ntéts'/sou-nt
athée	ateu/atee	atéou/atéé
catholique	catolic/ă	katolik/e
gréco-catholique	grecocatolic/ă	grékokatolik/e
romano-catholique	romanocatolic/ă	romanokatolik/e
juif/juive	evreu/evreică	évréou/évréyke
musulman/e	musulman/ă	moussoulma-n/e
orthodoxe	ortodox/ă	ortodox/e
protestant/e, réformé/e	protestant/ă, reformat/ă	protestant/e, reformat/e

Les principaux sacrements, fêtes et coutumes religieuses ont beaucoup d'importance en Roumanie. En voici quelques-uns :

Noël	Crăciun	kretchoun
Pâques	Paști, Paște	pacht'/pachté
Pentecôte	Rusalii	roussali
Assomption	Sfânta Maria	sfu-nta mariya
bâptême	botez	botéz
mariage	căsătorie, cununie	kessetoriyé, kounouniyé
carême	post	post

Les fêtes juives ou musulmanes portent leurs noms d'origine. Ces termes sont peu employés en roumain : les Juifs sont de moins en moins nombreux, et les Musulmans représentent, pour la plupart, la communauté historique des Tatares et Turcs de la région de *Dobroudja* (**Dobrogea**), près de la mer Noire.

Le temps qu'il fait

... est un bon prétexte de conversation si vous voulez entrer en contact avec un/e Roumain/e. C'est un sujet qui fait ses preuves dans bien des pays, et nos amis roumains ne font pas exception !

Il fait beau aujourd'hui !	E frumos astăzi !	yé frumos astezⁱ
Il fait chaud !	E cald !	yé kald
Il fait froid !	E frig !	yé frig
Il y a du brouillard !	E ceață !	yé tchatse
Il pleut !	Plouă !	plooue
Il neige !	Ninge !	ni-ndgé
Quelle belle journée !	Ce zi frumoasă !	tché zi froumoasse
Quel sale temps !/ Quel temps de chien !	Ce vreme mizerabilă !	tché vrémé mizérabile

Vous pouvez aussi demander :

Quel temps fera t-il demain ?	Ce vreme va fi mâine ?	tché vrémé va fi muyné
Vous avez chaud ?	Vă e cald ?	ve yé kald
Vous avez froid ?	Vă e frig ?	ve yé frig
Vous avez un parapluie ?	Aveți umbrelă ?	avétsⁱ oumbréle

Il fera beau...
Va fi frumos...
va fi froumos...

Il va pleuvoir...
Va ploua...
va plooua...

Il fait chaud ! Allons à l'ombre !
E cald ! Să mergem la umbră !
da yé kald se mérdjém la oumbre

Il pleut et je n'ai pas de parapluie.
Plouă și n-am umbrelă.
plooue chi na-m oumbréle

Voilà une rencontre qui promet!

Se rencontrer et discuter

Les Roumains commencent leurs conversations avec leur entourage proche par des formules à la 2ᵉ personne du singulier (**tu**) ou du pluriel (politesse : **dumneavoastră**) :

Comment ça va?	Cum merge?	koum merdjé
Comment allez-vous?	Ce mai faceți?	tché may fatchétsⁱ
Comment vas-tu?	Ce mai faci?	tché may fatchⁱ
(Très) bien, merci.	(Foarte) bine, mulțumesc.	(foarté) biné moultsoumésk
Et vous?/Et toi?	Dumneavoastră?/Tu?	doumnyavoastre/tou
Comme ci, comme ça.	Așa ș-așa.	achachacha
Pas (très) bien.	Nu (foarte) bine.	nou (foarté) biné
Pas terrible.	Nu teribil/grozav.	nou teribil/grozav
Qu'est-ce qui ne va pas?	Ce probleme aveți/ai?	tché problémé avétsⁱ

Invitation, visite

N'hésitez pas à proposer des sorties!

Vous êtes/Tu es occupé/e demain soir?
Sunteți ocupat/ă mâine seară?
sountétsⁱ okoupat/e muyné syare

Pouvez-vous/Peux-tu venir dîner chez nous?
Puteți/Poți veni la noi la cină?
poutétsⁱ/potsⁱ véni la noy la tchine

et si vous êtes invité/e/s, vous pourrez répondre :

Oui, je viendrai avec plaisir, merci.
Da, vin cu plăcere, mulțumesc.
da vi-n kou pletchéré moultsoumésk

À quelle heure devons-nous/dois-je venir ?
La ce oră (trebuie) să venim/să vin?
la tché ore (trébouyé) se véni-m/se vi-n

Désolé/e, mais il me sera impossible de venir.
Îmi pare rău, mi-e imposibil să vin.
um' paré reou myé i-mpossibil se vi-n

Désolé/e d'être en retard !
Îmi pare rău că am întârziat!
um' paré reou ke a-m u-nturzyat

Merci pour tout !
Mulțumesc / Mulțumim pentru tot!
moultsoumésk / moultsoumi-m pe-ntrou tot

Un rendez-vous ?

Voici quelques tournures pour ne pas passer votre séjour en Roumanie en solitaire !

J'aimerais vous/te revoir.
Aș dori să vă/te mai întâlnesc.
ach dori se ve/té may u-ntulnésk

On pourrait se (re)voir demain ?
Ne-am putea (re)vedea mâine?
nyam poutya (ré)védya muyné

CONVERSATION

D'autres prétextes pour entrer en contact

Comme en Roumanie on fume encore beaucoup, proposer une cigarette est un bon prétexte pour entrer en contact avec quelqu'un. Sinon, vous pouvez toujours proposer d'aller boire un café!

Vous fumez ?
Fumați?
foumats

Vous avez du feu, s.v.p. / Tu as du feu, s.t.p. ?
Aveți un foc, vă rog / Ai un foc, te rog?
avéts oun fok ve rog / ay oun fok té rog

Je peux vous offrir une cigarette / un café / quelque chose à boire ?
Vă pot oferi o țigară / o cafea / ceva de băut?
ve pot oféri o tsigare / o kafya / tchéva dé beout

Vous attendez / Tu attends quelqu'un ?
Așteptați / Aștepți pe cineva?
achtéptats / achtépts pé tchinéva

Que désirez-vous / désires-tu boire ?
Ce doriți să beți / Ce dorești să bei?
tché dorits se béts / tché dorécht se béy

Un jus, merci. Je ne bois pas d'alcool.
Un suc, mersi. Nu beau alcool.
oun souk mersi nou byaou alkool

Sentiments et opinions

Lors d'une discussion, vous pouvez exprimer vos attitudes et points de vue de différentes façons :

C'est…	E…	yé
beau.	frumos.	froum**os**
laid.	urât.	our**ut**
affreux!	groaznic!	groaznik
formidable!	formidabil!	formidabil
fou/dingue!	o nebunie!	o néboun**i**yé
magnifique!	minunat/grozav!	minounat/grozav
splendide!	splendid!	spl**e**-ndid
incroyable!	incredibil!	in-kréd**i**bil

Quelques sujets sont à éviter, tels que la religion, la politique, les revenus personnels, les problèmes ethniques.

À mon avis	După mine…	d**ou**pe miné
J'aime…	Îmi plac/e…	**u**mⁱ plak/platché
Je n'aime pas…	Nu-mi plac/e…	n**ou**mⁱ plak/platché
Ça m'est égal.	Mi-e indiferent.	my**é** **i**n-difére-nt
Je (ne) crois (pas)…	(Nu) cred…	(nou) kréd
Je pense que…	Cred că…	kréd ke

Voici quelques expressions pour révéler votre état d'esprit :

Je suis/Vous êtes…	Sunt/eți…	s**ou**nt/étsⁱ
abattu/e	abătut/ă	ab**e**tout/e
content/e	mulțumit/ă	moultsoumit/e
effrayé/e	speriat/ă	spéryat/e
énervé/e	enervat/ă	énervat/e

CONVERSATION

fier/fière	mândru/ă	*mu-ndrou/e*
joyeux/-euse	vesel/ă	*véssél/e*
mécontent/e	nemulţumit/ă	*némoultsoumit/e*
préoccupé/e	preocupat/ă	*préokoupat/e*
triste	trist/ă	*trist/e*

Amour

Je t'aime.
Te iubesc.
té youbesk

Tu me plais.
Îmi placi.
um' platch'

Tu m'aimes?
Mă iubeşti?
me youbécht'

Je suis amoureux/-euse de toi/de vous!
Sunt îndrăgostit/ă de tine/de dumneavoastră!
sount u-ndregostit/e dé tiné/dé doumnyavoastre

L'expression "*Un peu, beaucoup, passionnément, à la folie!*" n'existe pas vraiment en roumain, mais si vous voulez, en voici un équivalent : "**Un pic, mult, pasional, la nebunie**"!

Pour une demande en mariage, dites :

Veux-tu m'épouser?
Vrei să te căsătoreşti/măriţi/însori cu mine?
vréy se té kessetorecht'/meritsi/u-nsor' kou miné

Attention! Le verbe **a se căsători (cu)** va et pour les hommes et pour les femmes, par contre **a se mărita (cu)** seulement pour les femmes, et **a se însura (cu)** seulement pour les hommes. Tous les deux sont équivalents de *épouser (quelqu'un)*.

Veux-tu être ma femme?
Vrei să fii soţia mea?
vréy se fi sotsiya mya

Autres termes utiles :

amour	dragoste	dragosté
petit/e ami/e	prieten/ă	pryétén/e
fiancé/e	logodnic/ă	logodnik/e
un baiser	un sărut	oun serout
(s')embrasser	a (se) săruta	a (sé) serouta
faire la cour	a face curte	a fatché kourté
faire l'amour	a face dragoste	a fatché dragosté
alliances	verighete	vériguété
mariage (civil, religieux)	căsătorie (civilă, religioasă)	kessetoriyé (tchivile, rélidjoasse)
noces	nuntă	nounte
jalousie	gelozie	djéloziyé
se séparer	a se despărți	a sé despertsi
divorcer	a divorța	a divortsa

↗ **Temps, dates et fêtes**

Dire l'heure

Quelle heure est-il ?
Ce oră e ? / Cât e ceasul ?
tché ore yé / cut yé tchassoul

Il est...	E (ora)...	yé (ora)
... une heure précise.	... unu fix.	ounu fiks
... deux heures et quart.	... două și un sfert.	dooue chi oun sfert
... douze heures vingt cinq.	... douăsprezece și douăzeci și cinci.	doouesprézétché chi doouezétchi chi tchi-ntchi
... 5h30.	... cinci treizeci.	tchi-ntchi tréyzétchi
... six heures et demie.	... șase și jumătate.	chassé chi joumetaté

CONVERSATION

| ... onze heures moins le quart. | ... unsprezece fără un sfert. | **ou-nsprézétché fere oun sfert** |
| ... trois heures moins cinq. | ... trei fără cinci. | **tréy fere tchi-ntch**ⁱ |

À quelle heure est la séance ?
La ce oră e şedinţa ?
la tché ore yé chédi-ntsa

À 5 heures.
La (ora) cinci.
la (ora) tchi-ntchⁱ

Dans une heure.
Peste o oră.
pésté o ore

Il y a trois quarts d'heure.
Acum trei sferturi de oră.
akoum tréy sfertourⁱ dé ore

Ça dure combien de temps ?
Cât (timp) durează ?
kut ti-mp douryaze

Dire une date

Quel jour / Quelle date sommes-nous aujourd'hui ?
În ce zi / dată suntem azi ?
*u-n tché zi / date sountém az*ⁱ

On est mercredi 1er janvier.
E miercuri, unu ianuarie.
yé myérkourⁱ ounou yanouariyé

Demain, nous serons le 25 février.
Mâine e 25 februarie.
muyné yé douezétch' chi tchi-ntch' fébrouariyé

J'ai rendez-vous chez le dentiste dans huit jours.
Am programare la dentist peste opt zile.
a-m programaré la de-ntist pesté opt zilé

Vocabulaire du temps, des jours et des saisons

Pour organiser votre voyage ou votre séjour :

Nous sommes en Roumanie pour 3 semaines.
Suntem în România pentru trei săptămâni.
sountém u-n romuniya pe-ntrou tréy septemu-n'

La visite dure 1 heure et demie.
Vizita va dura o oră şi jumătate.
vizita va doura o ore chi joumetaté

Il y a 3 heures de route, nous y serons cet après-midi.
Avem trei ore de drum, vom ajunge după-masă.
avé-m tréy oré dé droum vo-m ajoundjé doupemasse

Les jours de la semaine

lundi	luni	loun'
mardi	marţi	marts'
mercredi	miercuri	myerkour'
jeudi	joi	joy
vendredi	vineri	viner'

| samedi | sâmbătă | su-mbete |
| dimanche | duminică | douminike |

Les moments de la journée, les durées

jour(née)	zi	zi
nuit(ée)	noapte	noapté
matin(ée)	dimineață	diminyatse
midi	amiază	amyaze
après-midi	după-masă / după-amiază	dupemasse / doupeamyaze
soir(ée)	seară	syare

Les mois

janvier	ianuarie	yanouariyé
février	februarie	fébrouariyé
mars	martie	martiyé
avril	aprilie	apriliyé
mai	mai	may
juin	iunie	youniyé
juillet	iulie	youliyé
août	august	aougoust
septembre	septembrie	septe-mbriyé
octobre	octombrie	okto-mbriyé
novembre	noiembrie	noye-mbriyé
décembre	decembrie	détche-mbriyé

Les saisons

printemps	primăvară	primevare
été	vară	vare
automne	toamnă	toa-mne
hiver	iarnă	yarne

Pour se situer dans le temps

Il est tôt.	E devreme.	yé dévrémé
Il est tard.	E târziu.	yé turziou
avant	înainte (de)	unayi-nté (dé)
après	după (aceea)	doupe (atcheya)
maintenant	acum	akoum
aujourd'hui	azi / astăzi	az'/astez'
hier	ieri	yér'
avant-hier	alaltăieri	alalteyér'
demain	mâine	muyné
après-demain	poimâine	poymuyné
le lendemain	a doua zi	a dooua zi
dans 5 jours	peste cinci zile	pesté tchintch' zilé
il y a une semaine	acum o săptămână	akoum o septemune
cette semaine	săptămâna asta	septemuna asta
ce mois	luna asta	louna asta
cette année	anul ăsta	anoul esta
la semaine dernière	săptămâna trecută	septemuna trékoute
la semaine prochaine	săptămâna viitoare	septemuna viyitoaré
le mois dernier	luna trecută	louna trékoute
le mois prochain	luna viitoare	louna viyitoaré
l'année dernière	anul trecut	anoul trékout
l'année prochaine	anul viitor	anoul viyitor
depuis longtemps	de mult	démoult

Jours fériés

Les principaux jours fériés en Roumanie sont les 1er et 2 janvier (**Anul Nou**, *Le Nouvel An*), le dimanche et le lundi de *Pâques* (**Paşti**), le dimanche et le lundi de *Pentecôte* (**Rusalii**), le 15 août (**Sfânta Maria**, litt. "la Sainte Marie", *l'Assomption*), le 30 novembre pour la fête du patron des Roumains (**Sfântul Andrei**, *la Saint André*), le 1ᵉʳ Décembre pour la *fête Nationale* (**ziua naţională**), ainsi que les 25 et 26 décembre pour *Noël* (**Crăciunul**). Aux yeux des Roumains, les fêtes les plus importantes sont :

1ᵉʳ janvier, Nouvel An
unu ianuarie, Anul Nou
ounou yanouariyé anoul noou

6 janvier, Épiphanie (non férié)
6 ianuarie, Boboteaza
chassé yanouariyé, bobotyaza

Pâques
Paşti
pachti
La fête de Pâques ne tombe presque jamais à la même date dans les religions orthodoxe et catholique, puisqu'elle est déterminée par le calendrier lunaire, alors que leur calendrier solaire respectif diffère. En effet, les catholiques suivent le calendrier grégorien, alors que les orthodoxes suivent le calendrier julien.

la Pentecôte
Rusalii
roussali
Les Roumains fêtent donc Pâques et la Pentecôte à différentes dates selon leur croyance. C'est flagrant en Transylvanie, où la pluralité des cultes est plus marquée que dans le reste du pays.

1ᵉʳ mai, fête du Travail
unu mai, Ziua Muncii
ounou may zioua mountchi

15 août, l'Assomption
cincisprezece august, Sfânta Maria
tchintch'sprézétché aougoust, sfu-nta mariya

1er novembre, fête des Morts / la Toussaint
unu noiembrie, Ziua Morților
ounou noye-mbriyé zioua mortsilor

Pour la fête des Morts, tous les Roumains se rendent dans les cimetières et ornent les tombes de fleurs et de bougies. Cette cérémonie s'appelle **luminație** (litt. "illumination").

30 novembre, La fête du Saint patron (non férié)
treizeci noiembrie, Sfântu' Andrei
tréyzetch' noye-mbriyé, sfu-ntou a-ndréy

Saint André est considéré comme le premier évangélisateur du territoire devenu la Roumanie. Il est un des plus importants saints de l'Église orthodoxe.

1er décembre, fête Nationale
unu decembrie, Ziua Națională
ounou détche-mbriyé zioua natsyonale

La fête Nationale célèbre l'adhésion de la Transylvanie à la Roumanie, en 1918, donnant à ce pays ses frontières territoriales définitives.

24 décembre, la veille de Noël
douăzeci și patru decembrie, Ajunul Crăciunului
doouezétch'chipatrou détche-mbriyé ajounoul kretchounoulouy

25 décembre, 1er jour de Noël
douăzeci și cinci decembrie, prima zi de Crăciun
doouezétch' chi tchi-ntch' détche-mbriyé prima zi dé kretchoun

CONVERSATION

26 décembre, 2ᵉ jour de Noël
douăzeci și șase decembrie, a doua zi de Crăciun
doouezétchi chi chassé détche-mbriyé a dooua zi dé kretchoun

↗ Appel à l'aide

Urgences

Au secours!	Ajutor!	ajutor
Attention!	Atenție!	ate-ntsiyé
Au feu!	Foc!	fok
premiers secours	prim ajutor	pri-m ajutor
urgence	urgență	urdje-ntse
Vite!	Repede!	répédé
Appelez la police!	Chemați poliția!	kématsi politsiya
Appelez les secours!	Chemați salvarea!	kématsi salvarya

Sur la route

Il y a (eu) un accident!
Este / A fost un accident!
yésté / a fost oun aktchide-nt

Ne bougez pas!
Nu mișcați!
nou michkatsi

Les secours arrivent.
Sosește salvarea.
soséchté salvarya

Le 112 est le numéro (d'urgence européen) pour appeler la police et les premiers secours.

↗ Écriteaux, panneaux et sigles

Écriteaux et panneaux

Acces interzis!	aktch**é**s i-nterzis	Accès interdit !
Bărbaţi/Femei	berbats**i**/fém**é**y	Hommes/Femmes
Casa	**k**assa	Caisse
Deschis/Închis	desk**i**s/u-nkis	Ouvert/Fermé
Fumatul interzis	foumatoul i-nterzis	Interdit de fumer
Informaţii	i-nformatsi	Renseignements
Ieşire de urgenţă	yéchir**é** dé ourdj**e**-ntse	Sortie d'urgence
Intrare/Ieşire	i-ntrar**é**/yéchir**é**	Entrée/Sortie
Liber/Ocupat	lib**é**r/okoup**a**t	Libre/Occupé
Loc pentru fumat	lok p**e**-ntrou foum**a**t	Lieu pour fumer
Ocolire/Deviere	okolir**é**/dévy**é**r**é**	Déviation
Pericol	p**é**rikol	Danger
Pericol de incendiu	p**é**rikol dé i-ntch**e**-ndyou	Danger d'incendie
Pericol de înec	p**é**rikol dé un**é**k	Danger de noyade
Privat	priv**a**t	Privé
Rezervat	rézerv**a**t	Réservé
Sală de aşteptare	sale dé achteptar**é**	Salle d'attente
Solduri	s**o**ldour**i**	Soldes
Şantier în lucru	chanty**é**r u-n **lou**krou	Travaux
Trageţi/Împingeţi	tradj**é**ts**i**/u-mpi-ndj**é**ts**i**	Tirez/Poussez
Toaletă/WC/Baie	toal**é**te	Toilettes
Trecerea oprită	tr**é**tchérya oprit**e**	Passage interdit

Abréviations courantes

a.c. (anul curent)	l'année en cours
Bul. (Bulevardul)	boulevard
cca (circa)	environ
C.P. (căsuţa poştală)	boîte postale

C.F.R. (Căile Ferate Române)	Chemins de Fer Roumains
d.C./d.H. (după Cristos/Hristos)	après J.-C.
Dl. (Domnul)	M. (Monsieur)
Dna (Doamna)	Mme (Madame)
Dra (Domnişoara)	Mlle (Mademoiselle)
Î.C./î.H. (înainte de Cristos/Hristos)	av. J.-C.
O.P. (Oficiul Poştal)	office postal
Pţa (Piaţa)	place
Str. (Strada)	rue
TAROM (Transporturile Aeriene Române)	Transports Aériens Roumains
TVA (Taxa pe valoare adăugată)	TVA
TVR (Televiziunea Română)	Télévision Roumaine

↗ **Voyager**

Contrôle des passeports et douane

À l'entrée en Roumanie, vous n'avez pas à montrer votre passeport si vous habitez dans un pays européen. Sinon, voici quelques expressions utiles :

carte d'identité	carte de identitate	karté dé ide-ntitaté
contrôle des passeports	control paşapoarte	kontrol pachapoarté
douane	vamă	vame
marchandises à déclarer	produse de declarat	prodoussé dé déklarat
passeport	paşaport	pachaport
rien à déclarer	nimic de declarat	nimik dé déklarat

Je suis venu/e pour...	Am venit ...	a-m vénit
les vacances.	în vacanţă.	u-n vakantse
le travail.	la lucru.	la loukrou
les études.	la studii.	la stoudi

Je n'ai rien à déclarer.
N-am nimic de declarat.
na-m nimik dé déklarat

Excusez-moi, je ne comprends rien.
Scuzaţi-mă, nu înţeleg nimic.
skouzatsime nou u-ntséleg nimik

Y a-t-il quelqu'un ici qui parle français ?
E cineva aici care vorbeşte franceza?
yé tchinéva ayitchi karé vorbéchté fra-ntchéza

Change

Vous trouverez des bureaux de change dans les aéroports, ainsi qu'en ville. Cependant, évitez de changer à l'aéroport, les taux de change y sont défavorables. N'oubliez pas qu'en Roumanie la monnaie est le **leu** roumain (**lei** au pluriel) à l'heure où nous publions ce guide, mais l'entrée dans l'Union européenne monétaire est prévue. Utilisez aussi sans problème les distributeurs automatiques, qui acceptent la plupart des cartes de crédit (comme Visa, MasterCard, etc.).

Où se trouve le bureau de change le plus proche ?
Unde găsesc aproape un birou de schimb?
oundé gessesk aproapé oun biroou dé ski-mb

Je voudrais changer...	Aş vrea să schimb...	ach vrya se ski-mb
des chèques de voyage.	cecuri de călătorie.	tchékour' dé keletoriyé
des dollars canadiens.	dolari canadieni.	dolar' kanadyén'
des euros.	euro.	éouro
des francs suisses.	franci elveţieni.	fra-ntch' élvétsyén'
des lei.	lei.	léy

En avion

atterrissage	aterizare	atérizaré
bagage (à main, de soute)	bagaj (de mână, de cală)	bagaj (dé mu-ne, dé kale)
billet électronique	bilet electronic	bilét élektronik
carte d'embarquement	talon de îmbarcare	talo-n dé u-mbarkaré
compagnie aérienne	companie aeriană	ko-mpaniyé ayéryane
couloir	culoar	kouloar
décollage	decolare	dékolaré
escale	escală	eskale
hublot	fereastră	féryastre
porte d'embarquement	poartă de îmbarcare	poarte dé u-mbarkaré
porte de secours	uşă de evacuare / ieşire de urgenţă	ouche dé évakouaré / yéchiré dé ourdjé-ntse
règles de sécurité	reguli de securitate	régoul' dé sékouritaté
vol	zbor	zbor

Je voudrais confirmer (changer/annuler) ma réservation.
Aş dori să confirm (schimb/anulez) rezervarea.
ach dori se ko-nfirm ski-mb anouléz rézervarya

À quelle heure décolle/arrive l'avion?
La ce oră decolează/soseşte avionul?
la tché ore dékolyaze/sossechté avyonoul

Quelle est l'heure limite d'enregistrement?
Care e termenul limită de înregistrare?
karé yé terménoul limite dé u-nrédjistraré

Où se trouve/Quelle est la porte d'embarquement?
Unde/Care e poarta de îmbarcare?
ou-ndé/karé yé poarta dé u-mbarkaré

Avez-vous des appareils électroniques/objets métalliques?
Aveți aparate electronice/obiecte metalice?
avéts' aparaté élektronitché/obyekté métalitché

En autocar et en train

Où se trouve la gare routière/ferroviaire, s.v.p.?
Unde e (auto)gara, vă rog?
ou-ndé yé (aouto)gara ve rog

De quel quai part le train/le car pour...?
De la ce peron pleacă trenul/autobuzul pentru...?
dé la tché péro-n plyake trénoul/autobouzoul pe-ntrou

Si une bonne nouvelle pour vous peut être celle que les cheminots roumains ne font presque jamais grève, une mauvaise nouvelle est celle que les trains peuvent avoir d'importants retards. Un petit conseil, renseignez-vous avant :

Le train a-t-il du retard?
Trenul are întârziere?
trénoul aré u-nturzyéré

CONVERSATION

Le train/Le car a dix minutes de retard.
Trenul/Autobuzul are zece minute întârziere.
trénoul/autobouzoul aré zétché minouté u-nturzyéré

Est-ce un train direct?
E tren direct?
yé tre-n direkt

À quelle heure part/arrive le train/le car?
La ce oră pleacă/soseşte trenul/autobuzul?
la tché ore plyake/sossechté trénoul/aoutobouzoul

Il y a une correspondance pour?
Există o legătură pentru…?
egziste o légetoure pe-ntrou

Où se trouvent les horaires?
Unde sunt afişate orarele?
oundé sount afichaté orarélé

Combien de temps dure le trajet?
Cât (timp) durează drumul?
kut ti-mp douryaze droumoul

D'autres expressions peuvent vous être utiles pour acheter vos billets et voyager :

Où se trouve le guichet?
Unde e casa de bilete?
oundé yé kassa dé bilété

Combien coûte un billet?
Cât costă un bilet?
kut koste oun bilét pe-ntrou

Je voudrais un billet...	Aş dori un bilet...	ach dori oun bilét
aller-retour pour...	dus-întors pentru...	dous u-ntors pe-ntrou
aller simple pour...	doar dus pentru...	doar dous pe-ntrou
à tarif réduit.	cu tarif redus.	kou tarif rédous
première/deuxième classe, s.v.p.	clasa întâi/a doua, vă rog.	klassa u-ntuy/a dooua ve rog

Pouvez-vous émettre un billet électronique ?
Îmi puteți emite un bilet electronic?
u-m' poutéts' émité oun bilét élektronik

Est-ce la bonne direction pour aller à...?
E direcția bună pentru...?
yé direktsiya boune pe-ntrou

Cette place est libre ?
E liber locul acesta?
yé libér lokoul atchesta

Cette place est la mienne !
Locul acesta e al meu!
lokoul atchesta yé al méou

Je descends au prochain arrêt.
Cobor la prima stație.
kobor la prima statsiyé

En bateau

On vient rarement en Roumanie par bateau de nos jours, mais le réseau maritime est toujours actif sur le delta du Danube, essentiellement pour des excursions touristiques.

arrivée	sosire	sossiré
babord	babord	babord
bateau	vapor	vapor
bouée	colac de salvare	kolak dé salvaré
cabine à deux lits	cabină cu două paturi	kabine kou dooue patour'
canot de sauvetage	barcă de salvare	barke dé salvare
départ	plecare	plékaré
gilet de sauvetage	vestă de salvare	veste dé salvaré
gratuit	gratuit	gratouit
itinéraire	itinerar	itinérar
passager	pasager	passadjér
pont	pod	pod
réduction	reducere	rédutchéré
tribord	tribord	tribord

En taxi

La plupart des taxis sont réglementaires et équipés de compteurs : vous les reconnaissez au prix par kilomètre affiché sur la portière du véhicule. Évitez les taxis sans cet affichage. Quant aux tarifs de nuit, ils sont légèrement plus élevés. Bon à savoir : le paiement par carte bancaire n'est pas encore accepté.

À l'hôtel/À la gare, s.v.p.
La hotel/La gară, vă rog.
la hotel/la gare ve rog

Voici l'adresse.
Aici e adresa.
ayitch' yé adréssa

Continuez tout droit, puis à gauche.
Continuați înainte, apoi la stânga.
ko-ntinouats' unayi-nté apoy la stu-nga

Je continuerai à pied.
Merg mai departe pe jos.
mérg may départé pé jos

Combien vous dois-je ?
Cât vă datorez?
kut ve datoréz

Les deux-roues

Le système des pistes cyclables n'est qu'en partie implanté, tout comme les vélos à louer, mais dans les grandes villes vous pouvez en bénéficier. Le casque n'est pas encore obligatoire. Les motos, par contre, ont la côte en ville ; les scooters, plutôt à la campagne.

bicyclette	**bicicletă**	*bitchikléte*
casque	**cască**	*kaske*
moto	**motocicletă**	*mototchicléte*
remorque	**remorcă**	*rémorke*
scooter	**scuter**	*skoutér*
VTT	**mountainbike**	*mo-nte-nbayk*

Location de voiture

Pour louer une voiture en Roumanie, vous devez avoir au moins 21 ans (l'âge peut varier selon la catégorie du véhicule). Les conducteurs âgés de moins de 25 ans sont facturés d'une taxe

CONVERSATION

supplémentaire pour jeunes conducteurs, les prix varient selon les périodes de l'année.

agence de location de voitures	închiriere maşini	u-nkiryéré machin'
assurance	asigurare	assigouraré
diesel (gasoil)	motorină	motorine
essence	benzină	be-nzine
permis de conduire	permis de conducere	permis dé ko-ndoutchéré

Vous louez des petites voitures/des minibus ?
Închiriaţi maşini mici/microbuze?
u-nkiryats' machin' mitch' mikrobouzé

Combien ça coûte par jour/par semaine ?
Cât costă pe zi/pe săptămână?
kut koste pé zi/pé septemune

Je dois faire le plein avant le retour ?
Trebuie să fac plinul la întoarcere?
trébouyé se fak plinoul la u-ntoartchéré

Circuler en voiture

Les règles de circulation sont peu respectées, mieux vaut être prudent sur les routes roumaines. Les Roumains aiment la vitesse, et ne respectent pas toujours les piétons et les vélos. Soyez vigilant !

Par où faut-il prendre pour aller à…?
Pe unde trebuie să merg spre…?
pé ou-ndé trébouyé se mérg spré

Où se trouve la station-service la plus proche ?
Unde e pompa de benzină cea mai apropiată?
oundé yé po-mpa dé be-nzine tcha may apropyate

Je voudrais 25 litres de super sans plomb.
Aș dori douăzeci și cinci de litri de super fără plumb.
ach dori doouezétchi chi tchi-ntchi dé litri dé soupér fere ploumb

Le plein, s.v.p.
Plinul, vă rog.
plinoul ve rog

Si vous avez besoin d'assistance

Vous pouvez m'aider, s.v.p. ?
Mă puteți ajuta, vă rog?
me poutétsi ajouta ve rog

Où se trouve le garage le plus proche ?
Unde e cel mai apropiat service auto?
oundé yé tchél may apropyat sérvis aouto

Pouvez-vous vérifier la pression des pneus ?
Puteți verifica presiunea cauciucurilor?
poutétsi vérifika pressyounya kaoutchoukourilor

Il faut changer ce pneu. J'ai crevé.
Cauciucul acesta trebuie schimbat. Am pană.
kaoutchoukoul atchesta trébouyé ski-mbat. a-m pane

Je suis tombé/e en panne.
Am pană.
a-m pane

CONVERSATION

Quand pourrais-je venir récupérer la voiture?
Când pot veni după mașină?
kund pot véni doupe machine

Combien coûte la réparation? / Le prix?
Cât costă reparația? / Prețul?
kut koste réparatya / prétsoul

Merci (bien) pour votre aide!
Mulțumesc de ajutor!
moultsoumésk dé ajoutor

Vocabulaire

allumage	aprindere	apri-ndéré
ampoules	becuri	békour'
arrière	spate	spaté
avant	față	fatse
batterie	baterie	batériyé
boîte de vitesse	cutie de viteze	koutiyé dé vitézé
bougies	bujii	bouji
ceinture de sécurité	centură de siguranță	tche-ntouré dé sigoura-ntse
chaîne à neige	lanțuri (de zăpadă)	la-ntsour' (dé zepade)
clé/s	chei/e	kéy/é
clignotants	semnalizatoare	se-mnalizatoaré
coffre	portbagaj	portbagaj
contact	contact	kontakt
démarreur	demaror / demaraj	démaror / démaraj
direction	direcție	direktsiyé
embrayage	ambreiaj	a-mbréyaj
essuie-glaces	ștergătoare de parbriz	chtérgetoaré dé parbriz
feux tricolores	semafor	sémafor
freins	frâne	fruné

frein à main	frână de mână	frune dé mune
gilet (avec bandes réfléchissantes)	vestă reflectorizantă	veste réflektoriza-nte
moteur	motor	motor
pédale	pedală	pédale
permis de conduire	permis de conducere	permis dé ko-ndoutchéré
phares	faruri	farour'
pneus	cauciucuri	kaoutchoukour'
rétroviseur	oglindă retrovizoare	ogli-nde rétrovizoaré
roues	roți	rots'
volant	volan	vola-n

Mots utiles

amende	amendă	ame-nde
autoroute	autostradă	aoutostrade
contravention	contravenție	ko-ntrave-ntsiyé
carte routière	hartă rutieră	harte routyére
dépanneuse	mașină de depanare	machine dé dépanaré
embouteillage	ambuteiaj	a-mboutéyaj
parking	parking, parcare	parki-ng, parkaré

Vu le nombre réduit d'autoroutes en Roumanie, il n'y a pas encore de péage. Mais faites attention à quelques panneaux :

Atenție	ate-ntsiyé	Attention
Control radar	ko-ntrol radar	Contrôle radar
Deviere / Ocolire	dévyéré / okoliré	Déviation
Drum barat	droum barat	Route barrée
Drum în lucru	droum u-n loukrou	Travaux sur la route
Drum înfundat	droum u-nfoundat	Cul-de-sac
Sens interzis	se-ns i-nterzis	Sens interdit

CONVERSATION

Limitare de viteză	*limitaré dé vitéze*	Limitation de vitesse
Pericol	*périkol*	Danger
Sens unic	*se-ns **ou**nik*	Sens unique
Sfârșit de	*sfurchit dé*	Fin de
Stop	*stop*	Stop

↗ **En ville**

Pour trouver son chemin

Comment fait-on pour aller à…?
Cum pot ajunge la…?
*koum pot aj**ou**-ndjé la*

Est-ce que c'est loin?
E departe?
yé départé

Peut-on s'y rendre à pied?
Putem merge pe jos?
*pout**é**m merdjé pé jos*

Où se trouve…?	Unde e…?	*ound**é** yé*
la rue…	strada…	*strada*
la place…	piața…	*pyatsa*
le bâtiment…	clădirea…	*kledirya*
le centre-ville	centrul	*tche-ntroul*
l'ambassade	ambasada	*a-mbassada*
le commissariat	poliția	*politsiya*
l'office de tourisme	oficiul de turism	*ofitchoul dé tourism*

C'est…	E…	*yé…*
à droite.	la dreapta.	*la dryapta*
à gauche.	la stânga.	*la stu-nga*
au nord.	la nord.	*la nord*

au sud.	la sud.	la soud
à l'est.	la est.	la est
à l'ouest.	la vest.	la vest
sur votre gauche.	la stânga dumneavoastră.	la stu-nga doumnyavoastră
au prochain carrefour.	la următoarea intersecţie.	la ourmetoarya i-ntersektsiyé
tout droit.	drept înainte.	drept unayi-nté
juste à côté.	chiar alături.	kyar aletour'
en face.	în faţă.	u-n fatse
derrière la Cathédrale.	în spatele Catedralei.	u-n spatélé katedraléy

Métro, bus, tram

Il n'y a de métro qu'à Bucarest, mais des trams existent dans plusieurs grandes villes.

plan de métro	harta metroului	harta métrooulouy
arrêt de bus	staţie de autobuz	stasiyé dé aoutobouz
terminus	ultima staţie	oultima statsiyé
ticket	tichet, bilet	tikét, bilét
composter/valider	a composta	a ko-mposta
horaires	orare	oraré

Y a-t-il un bus/un tram pour aller à…?
Există un autobuz/un tramvai ca să ajung la…?
egziste oun aoutobouz / oun tra-mvay ka se ajoung la

Où se trouve la station de métro/bus/tram la plus proche?
Unde e staţia de metrou/autobuz/tramvai cea mai apropiată?
oundé yé statsiya dé métroou/aoutobouz /tra-mva-y tcha may apropyate

Quelle ligne dois-je prendre pour...?	Ce număr trebuie să iau pentru...?	tché **nou**mer tré**bou**yé se **ya**ou pe-**ntrou**
le centre-ville	centru	tche-**ntrou**
l'aéroport	aeroport	a**yé**ro**po**rt
le port	port	p**o**rt
le Musée du Village	Muzeul Satului	mouz**é**oul sa**tou**louy
la mairie	primărie	prime**ri**yé
la gare	gară	**ga**re

Y a-t-il une ligne directe ou bien dois-je changer ?
Există o linie directă sau trebuie să schimb?
eg**zi**ste o li**nyé** di**re**kte s**a**ou tré**bou**yé se ski-mb

Le prochain train / autobus est dans cinq minutes.
Următorul metrou / autobuz e peste cinci minute.
ourm**e**toroul m**é**troou/aouto**bou**z y**é** pes**té** tchi-ntchⁱ min**ou**té

À quelle heure part la dernière correspondance ?
La ce oră pleacă ultima legătură?
la tché **o**re ply**a**ke **ou**ltima lége**tou**re

Visite d'expositions, de musées et de sites touristiques

Les tarifs d'entrée dans les musées sont affichés sur les sites. Il y a des réductions pour les personnes âgées, les étudiants, les jeunes de moins de 26 ans ressortissants de l'Union européenne, etc.

abbaye	abație	abatsi**yé**
cathédrale	catedrală	katé**dra**le
château	castel	kas**tél**
cité	cetate	tché**ta**té

église	biserică	bissérike
... orthodoxe	... ortodoxă	... ortodokse
... catholique	... catolică	... katolike
... protestante	... reformată	... réformate
exposition	expoziție	ekspozitsiyé
monastère	mănăstire	menestiré
mosquée	moschee	moskéyé
musée	muzeu	mouzéou
palais	palat	palat
site archéologique (fouilles)	sit arheologic (săpături)	sit arhéolodjik (sepetour)
synagogue	sinagogă	sinagogu-e
tour	tur, vizită	tour, vizite

Certains sites touristiques proposent des visites guidées en langue française ou des guides (livres) en français. Renseignez-vous :

Y a-t-il un guide en français / qui parle français / un audioguide ?
Aveți ghid în limba franceză / ghid audio?
avétsⁱ guid u-n li-mba fra-ntchéze / guid aoudyo

Les enfants ont moins de 10 ans.
Copiii nu a încă zece ani.
kopiyi nou aou u-nke zétché anⁱ

Peut-on prendre des photos ?
Putem face fotografii?
poutém fatché fotografi

Je voudrais un billet...	Aș dori un bilet...	ach dori oun bilét
pour un adulte.	pentru un adult.	pe-ntrou oun adoult
pour l'exposition permanente / temporaire.	pentru expoziția permanentă / temporară.	pe-ntrou ekspozitsiya permane-nte / te-mporare

CONVERSATION

pour un enfant.	**pentru un copil.**	*pe-ntrou oun kopil*
au tarif étudiant / retraité.	**la tarif de student / pensionar.**	*la tarif dé stoude-nt / pe-nsyonar*

Je voudrais deux entrées, s.v.p.
Aş dori două bilete, vă rog.
ach dori dooue bilété ve rog

Autres curiosités

Où se trouve...?	Unde e...?	oundé yé
l'Athénée	Ateneul	aténéoul
le centre historique	centrul istoric	tche-ntroul istorik
le cimetière	cimitirul	tchimitiroul
la galerie d'art	galeria de artă	galériya dé arte
le jardin botanique	grădina botanică	gredina botanike
le marché	piaţa	pyatsa
le parc	parcul	parkoul
le stade	stadionul	stadyonoul
le théâtre	teatrul	tyatroul
le zoo	grădina zoologică	gredina zoolodjike

À la poste

Les bureaux de poste roumains portent l'enseigne rouge marquée **Poşta română** *[pochta romune]*.

Où se trouve le bureau de poste le plus proche?
Unde este poşta cea mai apropiată?
oundé yésté pochta tcha may apropyate

(Je voudrais) des timbres pour la Suisse, s.v.p.
(Aş dori) timbre pentru Elveţia, vă rog.
(ach dori) ti-mbré pe-ntrou elvétsya ve rog

Je voudrais expédier ce colis en France.
Aş vrea să expediez acest colet în Franţa.
ach vrya se expédyéz atchest kolét u-n fra-ntsa

À combien est l'affranchissement pour un envoi au Canada?
Cât costă un timbru pentru Canada?
kut koste oun tim-brou pe-ntrou kanada

Je voudrais envoyer une lettre recommandée/une carte postale.
Aş vrea să trimit o scrisoare recomandată/o carte poştală.
ach vrya se trimit o skrissoaré rékoma-ndate o karté pochtale

Au téléphone

annuaire	carte de telefon	karté dé téléfo-n
cabine téléphonique	cabină telefonică	kabine téléfonike
carte prépayée	cartelă prepay	kartéle pripéy
carte téléphonique	cartelă telefonică	kartéle téléfonike
chargeur	încărcător	u-nkerketor
indicatif téléphonique	prefix	préfix
message sms	mesaj sms	méssaj ésémés
numéro	număr	noumer
téléphone	telefon	téléfon
... fixe	... fix	... fiks
... mobile/portable	... mobil	... mobil

Je dois passer un coup de fil. Quel est l'indicatif pour...?
Trebuie să dau un telefon. Care e prefixul pentru...?
trébouyé se daou oun téléfon. karé yé préfiksoul pe-ntrou kanada

Puis-je parler à Radu, s.v.p.?
Aş putea vorbi cu Radu, vă rog?
ach poutya vorbi kou radou va rog

Allô ? Bonjour, j'aimerais parler à Rodica.
Allo? Bună ziua, aș vrea să vorbesc cu Rodica.
alo boune zioua ach vrya se vorbésk kou rodika

Excusez-moi, j'ai fait un faux numéro.
Scuzați-mă, am format un număr greșit.
skouzatsime a-m format oun noumer gréchit

La ligne est occupée.
Numărul / Linia e ocupat/ă.
noumeroul/linya yé okoupat/e

Si vous devez écrire un SMS en roumain :

J'arrive le 5 janvier, à 10 h 30.
Sosesc în 5 ianuarie la 10.30.
sossésk u-n tchi-ntch' yanouariyé la zétché tréyzétch'

L'avion est en retard.
Avionul întârzie.
avyonoul u-nturziyé

On atterrit à Sibiu.
Aterizăm la Sibiu.
atérizem la sibiou

Où êtes-vous ?
Unde sunteți?
oundé sountéts'

Je suis devant l'entrée.
Sunt în fața intrării.
sount u-n fatsa i-ntreri

Appelez-moi !
Sunați-mă!
sounatsime

Internet

adresse mail	adresă mail	adrésse méyl
accès Internet	acces Internet	aktchés i-nternét
arobase	at/coadă de maimuță	at/coade dé maymoutse
clavier	tastatură	tastatoure
fichier	fișier	fichyér
haut débit	Internet de mare viteză	i-nternét dé maré vitéze
page web	pagină web	padjine ouéb
ordinateur portable	leptop	leptop
réseaux sociaux	rețele sociale	rétsélé sotchyalé
skype	skype	skayp
unité centrale	unitate centrală	ounitaté tche-ntrale

Où puis-je trouver un cybercafé ou une zone wi-fi gratuite?
Unde găsesc un Internet Café sau o zonă wi-fi gratuită?
oundé gessésk oun i-nternét kafé saou o zone ouifi gratouite

La connexion n'est pas excessive.
Conexiunea nu costă prea mult.
conéksyounya nou koste prya moult

Excusez-moi, ça ne fonctionne pas!
Scuzați-mă, nu funcționează!
skouzatsime nou founktsyonyaze

Combien coûte l'impression d'une page?
Cât costă printarea unei pagini?
kut koste pri-ntarya ounéy padji-ni

CONVERSATION

L'administration

Si vous avez besoin de vous rendre au consulat, à l'ambassade ou dans d'autres établissements administratifs, nous pouvons vous aider à obtenir quelques informations :

Quels sont vos horaires d'ouverture ?
Între ce ore e deschis?
u-ntré tché oré yé deskis

Quels documents dois-je apporter ?
Ce documente trebuie să aduc?
tché dokoume-nté trébouyé se adouk

Vous devez vous présenter au guichet n°5 avec ces documents.
Trebuie să vă prezentaţi la ghişeul cinci cu aceste documente.
trébouyé se ve préze-ntats¡ la guichéoul tchi-ntch¡ kou atchésté dokoume-nté

Il faut remplir ce document.
Trebuie să completaţi acest document.
trébouyé se ko-mplétats¡ atchést dokoumént

Je me suis trompé/e.
Am greşit.
a-m gréchit

Au commissariat

Où se trouve le commissariat, s.v.p. ?
Unde este comisariatul, vă rog?
oundé yésté komissaryatoul ve rog

On m'a volé...	Mi s-a furat... (sing.)	mi sa fourat
ma carte bleue.	cardul (bancar).	kardoul (ba-nkar)
mon portefeuille.	portofelul.	portoféloul
mon sac à main.	geanta.	dja-nta

On m'a volé...	Mi s-au furat... (pl.)	mi saou fourat
mon argent.	banii.	bani
mes lunettes de soleil.	ochelarii de soare.	okélari dé soaré
mes papiers.	actele.	aktélé

Attention! **ban**, pl. **bani**, est la subdivision du **leu**, mais utilisé sans numéral antéposé et au pluriel, c'est l'équivalent de *argent*. **Banii** est la forme avec article défini, signifiant *l'argent*.

J'ai perdu...	Mi-am pierdut...	myam pyerdout
ma valise.	valiza.	valiza
mon portable.	mobilul.	mobiloul
mon appareil photo.	aparatul foto.	aparatoul foto
ma caméra.	camera de filmat.	kaméra dé filmat

À la banque

(Pouvez-vous me dire) où se trouve la banque la plus proche?
(Îmi puteți spune) unde e cea mai apropiată bancă?
*(u-mi poutéts*i* spouné) oundé yé tcha may apropyaté ba-nké*

Où puis-je trouver un distributeur de billets, s.v.p.?
Unde găsesc un bancomat, vă rog?
oundé gessésk oun ba-nkomat ve rog

J'attends un virement du Québec.
Aștept un virament din Quebec.
achtépt oun viramè-nt di-n kébék

Je voudrais envoyer un mandat (faire un virement), comment dois-je faire ?
Aş vrea să trimit un mandat (să fac un virament), cum trebuie să fac?
ach vr**y**a se trimit oun ma-nd**a**t (se fak oun vír**a**me-nt) koum tr**é**bouyé se fak

Sorties au cinéma, au théâtre, au concert et autres...

Plusieurs représentants de "la nouvelle vague du cinéma roumain" ont remporté ces dernières années des prix importants dans de prestigieux festivals de cinéma. Pour le public français, un "Festival du film roumain" est organisé à Toulouse chaque année, avec des films sous-titrés en français.

Qu'y a-t-il au cinéma ce soir ?
Ce filme sunt în seara asta?
tché filmé sount u-n sy**a**ra **a**sta

Qu'est-ce qui passe...?	Ce spectacol/film e...?	tché sp**é**ktakol/film y**é**
à l'Opéra	la Operă	la **o**pére
au cinéma du coin	la cinematograful din cartier	la tchinématogr**a**foul di-n karty**é**r
au théâtre de marionnettes	la teatrul de păpuşi	la ty**a**troul dé pep**ou**chⁱ
au théâtre National	la Teatrul Naţional	la ty**a**troul natsyon**a**l
au théâtre d'opérette	la operetă	la opér**é**te

À quelle heure commence/se termine le spectacle/le film ?
La ce oră începe/se termină spectacolul/filmul?
la tché **o**re u-ntch**é**pé/sé t**e**rmine spekt**a**koloul/filmoul

Où se trouve le cinéma/la salle de concert ?
Unde e cinematograful/sala de concert?
*ou**nd**é y**é** tchinématogra**f**oul/**s**ala dé ko-ntch**é**rt*

Y a-t-il un bar sympa dans le coin ?
E vreun bar drăguț aproape?
*y**é** vry**ou**n bar dreg**ou**ts apro**a**pé*

Est-ce qu'il y a une discothèque/un pub près d'ici ?
E vreo discotecă/vreun pub aproape?
*y**é** vr**y**o diskot**é**ke/vry**ou**n bar apro**a**pé*

Chez le coiffeur

Coafor signifie en roumain *coiffeur de dames*. Il faut chercher l'enseigne **Frizer** si on est un homme…

Je voudrais…	**Aș dori…**	*ach dori*
un brushing.	**un aranjat.**	*oun ara-njat*
une coupe.	**un tuns.**	*oun touns*
une couleur.	**un vopsit.**	*oun vopsit*
des mèches.	**meșe.**	*méché*
une permanente.	**un permanent.**	*oun permane-nt*

Je voudrais avoir les cheveux…	**Aș dori (să am) părul…**	*ach dori (se a-m) peroul*
plus clairs.	**mai deschis.**	*may déskis*
plus foncés.	**mai închis.**	*may u-nkis*
blonds.	**blond.**	*blo-nd*
châtains.	**șaten.**	*chatén*
noirs.	**negru.**	*négrou*
de la même couleur que sur cette photo.	**de aceeași culoare ca pe fotografia asta.**	*dé atchéyach' kouloaré ka pé fotografiya asta*
ondulés/lisses.	**ondulat/lins.**	*o-ndoulat/li-ns*

CONVERSATION

Coupez court, s.v.p.
Tundeți scurt, vă rog.
*tou**ndéts**i skourt ve rog*

Pas trop court, mais encore un peu.
Nu foarte scurt, dar încă puțin.
*nou fo**a**rté skourt dar **u**-nke pouts**i**-n*

⇗ À la campagne, à la mer, à la montagne
Sports de loisir

course à pied	alergare	alergaré
équitation	echitație	ékitatsyé
escalade	escaladă	eskalade
luge	săniuș	sen**y**ouch
planche à voile	acvaplan	akvaplan
quad	ATV	atévé
roller	role	rolé
ski	schi	ski
ski nautique	schi nautic	ski na**ou**tik
snowboard	snowboard	sneoubord
surf	surf	serf
vélo	bicicletă	bitchikléte
VTT	mountainbike, bicicletă de teren	mo-nte-nbayk, bitchikléte dé térén

À la montagne

Si vous partez à la découverte des Carpates, et que vous pratiquez la *randonnée* (**drumeții**, *[droumétsi]* ; **excursii**, *[ekskoursi]*), ces quelques expressions peuvent vous être utiles :

À quelle distance sommes-nous de...?
La ce distanță suntem de...?
la tché dista-ntse sountém dé

Le prochain village est loin?
Următorul sat e departe?
ourmetoroul sat yé départé

Voici quelques mots se rapportant à un environnement non citadin :

arbre	copac	kopak
arbre fruitier	pom	po-m
auberge	han	ha-n
canal	canal	kanal
chaîne de montagne	lanț de munți	la-nts dé mounts'
champ	câmp	ku-mp
chemin	drum	droum
chute d'eau	cascadă	kaskade
colline	deal, colină	dyal, koline
cours d'eau	apă curgătoare	ape kourgetoaré
étang	heleșteu	héléchtéou
falaise	faleză	faléze
ferme	fermă	ferme
fleuve	fluviu	flouvyou
forêt	pădure	pedouré
hameau	cătun	ketoun
lac	lac	lak
maison	casă	kasse
montagne	munte	mounté
pic	vârf	vurf
pont	pod	pod
puits	puț	pouts

CONVERSATION

ravin	prăpastie	prepastyé
rivière	râu	ruou
route	drum	droum
ruisseau	pârâu	puruou
sentier	cărare	keraré
source	izvor	izvor
vallée	vale	valé
vignoble	podgorie, vie	podgoriyé, viyé
village	sat	sat

Pour le vocabulaire du matériel de randonnée, voir la partie sur le camping.

Aux sources, à la piscine, à la plage

En Roumanie, il y a des lacs d'eau douce ou salée, mais la mer Noire est la destination recommandée pour l'été, pour ses plages de sable (stations **Mamaia, Eforie, Mangalia, Neptun**). Il n'y a pas de marées, car c'est une mer "intérieure".
Sinon, on peut se baigner dans des piscines aménagées, en plein air (**ştrand**) ou couvertes, où l'eau est entretenue à une température agréable. On peut aussi choisir de profiter des bains d'eaux chaudes dont certains datent de l'époque des Romains.

bains	băi	bey
bains salés	băi sărate	bey seraté
cure thermale	cură termală	koure termale
eaux minérales	ape minerale	apé minéralé
eaux sulfureuses	ape sulfuroase	apé soulfouroassé
sources thermales	izvoare termale	izvoaré termalé

Y a-t-il une piscine (ouverte / couverte) près d'ici?
Există o piscină (în aer liber / acoperită) aproape?
egziste o pistchine (u-n ayér libér / akopérite) aproapé

Est-elle chauffée ?
E încălzită?
yé u-nkelzite

L'eau est-elle bonne/salée ?
Apa e bună/sărată?
apa yé boune/serate

Combien coûte l'entrée ?
Cât costă intrarea?
kut koste i-ntrarya

Y a-t-il une plage de sable à côté d'ici ?
Există o plajă de nisip aproape?
egziste o plaje dé nissip aproapé

J'aimerais louer...	Aș dori să închiriez...	ach dori se u-nkiryéz
une chaise longue.	un șezlong.	oun chézlo-ng
un parasol.	o umbrelă.	o oumbréle
une planche de surf.	o planșă de surf.	o pla-nche dé serf

Combien coûte la location pour 2 heures ?
Cât costă închirierea pe două ore?
kut koste u-nkiryérya pé dooue oré

algues	alge	aldjé
bain	baie	bayé
bonnet	cască de baie	kaske dé bayé
bouée	colac	kolak
bronzer	a se bronza	a sé bro-nza
crème solaire	cremă de soare	kréme dé soaré
maillot de bain	costum de baie	kostoum de bayé
mer	mare	maré

CONVERSATION

méduse	meduză	médouze
nager	a înota	a unota
piscine	piscină	pistchine
poste de secours	post de prim ajutor	post dé pri-m ajoutor
sauveteur	salvamar	salvamar
se baigner	a se scălda, a face baie	a sé skelda, a fatché bayé
serviette	ștergar, prosop	chtergar, prosop
vague	val	val
vestiaire	vestiar	vestyar

Camper et camping

Est-ce qu'on peut camper ici ?
Putem pune cortul aici?
poutém pouné kortoul ayitchⁱ

Y a-t-il un terrain de camping près d'ici ?
Există un teren de camping aproape?
egziste oun térén dé ke-mpi-ng aproapé

Quel est le prix... ?	Care e prețul...?	karé yé prétsoul
par jour	pe zi	pé zi
par personne	pe persoană	pé persoane
pour une voiture	pentru o mașină	pe-ntrou o machine
pour une tente	pentru un cort	pe-ntrou oun kort
pour une caravane	pentru o rulotă	pe-ntrou o roulote
pour un camping-car	pentru un camping car	pe-ntrou oun ke-mpi-ng kar
pour un emplacement	pentru un loc	pe-ntrou oun lok

Voilà du vocabulaire concernant le matériel de camping et la randonnée :

allumettes	chibrituri	kibritour'
bâche	prelată	prélate
bouilloire	fierbător	fyérbetor
boussole	busolă	boussole
poêle (à frire)	tigaie	tigayé
casserole	cratiță	kratitse
chaise de camping	scaun pliant	skaoun plya-nt
corde	sfoară	sfoare
décapsuleur	deschizător de sticle	déskizetor dé stiklé
douche solaire	duș solar	douch solar
éclairage	iluminat	ilouminat
bouteille de gaz	butelie de gaz	boutéliyé dé gaz
gobelets	pahare de plastic	paharé dé plastik
gourde	ploscă	ploske
lampe de poche	lanternă	la-nterne
lit de camp	pat pliant	pat plya-nt
marteau	ciocan	tchoka-n
matelas en mousse	saltea de burete	saltya dé bourété
matelas pneumatique	saltea pneumatică	saltya pnéoumatike
moustiquaire	plasă de țânțari	plasse dé tsu-ntsar'
natte	rogojină	rogojine
ouvre-boîtes	deschizător de conserve	déskizetor dé ko-nservé
piquet (de tente)	țăruș	tserouch
pompe (gonfleur)	pompă	po-mpe
rallonge électrique	prelungitor	préloundjitor
réchaud à gaz	reșou pe gaz	réchoou pé gaz
sac à dos	rucsac	rouksak
sac de couchage	sac de dormit	sak dé dormit
sac thermique	sac termic	sak termik
seau	găleată	guelyate
table (pliante)	masă (pliantă)	masse (plya-nte)
tente	cort	kort
thermos	termos	termos

tire-bouchon	**tirbușon**	*tirboucho-n*
toilettes portables	**WC mobil**	*vétché mobil*
tournevis	**șurubelnița**	*chouroubelnitse*
trousse de premiers soins	**trusă de prim ajutor**	*trousse dé pri-m ajoutor*

Arbres et autres plantes

Les arbres de culture

abricotier	**cais**	*kayis*
cerisier	**cireș**	*tchiréch*
châtainier	**castan**	*kastan*
griottier	**vișin**	*vichi-n*
mûrier	**dud, mur**	*doud, mour*
noyer	**nuc**	*nouk*
pêcher	**piersic**	*pyersik*
pommier	**măr**	*mer*
poirier	**păr**	*per*
prunier	**prun**	*proun*

Les arbres et arbustes des paysages roumains

accacia	**salcâm**	*salku-m*
charme	**carpen**	*karpe-n*
chêne	**stejar**	*stéjar*
cognassier du Japon	**gutui japonez**	*goutouy japonéz*
épicéa	**molid**	*molid*
forsythia	**ploaie de aur**	*ploayé dé aour*
frêne	**frasin**	*frassi-n*
hêtre	**fag**	*fag*
jasmin	**iasomie**	*yassomiyé*
jonc	**stuf**	*stouf*
noisetier	**alun**	*aloun*
orme	**ulm**	*oulm*
peuplier	**plop**	*plop*

pin	pin	pi-n
platane	platan	plata-n
roseau	trestie	trestiyé
sapin	brad	brad
saule	salcie	saltchyé
tilleul	tei	téy

Plantes aromatiques

aneth	mărar	merar
basilic	busuioc	boussouyok
camomille	mușețel	mouchétsél
estragon	tarhon	tarho-n
livèche	leuștean	léouchtya-n
menthe	mentă	me-nte
persil	pătrunjel	petrounjél
raifort	hrean	hrya-n
thym	cimbru	tchi-mbrou

Fleurs

fleur/s	floare / flori	floaré / flor'
azalée	azalee	azaléyé
begonia/s	begonie / begonii	bégoniyé / bégoni
edelweiss	floare de colț	floaré dé kolts
géranium/s	mușcată/e	mouchkate/é
jonquille	narcisă galbenă	nartchise galbéne
lila	liliac	lilyak
marguerite/s	margaretă/e	margarete/é
muguet/s	lăcrimoară/e	lekrimyoare/é
narcisse/s	narcisă/e	nartchise/é
œillet/s	garoafă/e	garoafe/é
pétunia/s	petunie/i	pétouniyé / pétouni

CONVERSATION

pivoine/s	bujor/i	boujor/¹
primevère/s	primulă/e	primoule/é
rhododendron	rododendron	rodode-ndro-n
rose/s	trandafir/i	tra-ndafir/¹
tulipe/s	lalea / lalele	lalya / lalélé
violette/s	violetă/e	vyoléte/é

Animaux

Mammifères, gibier, oiseaux

auroch	bour	boour
bison	bizon	bizo-n
canard (sauvage)	raţă (sălbatică)	ratse (selbatike)
cerf	cerb	tcherb
chamois	capră neagră	kapre nyagre
chauve-souris	liliac	lilyak
chevreuil	căprioară	keprioare
cigogne	barză	barze
corbeau	corb	korb
cormoran	cormoran	kormora-n
corneille	cioară	tchoare
cygne	lebădă	lébede
écureuil	veveriţă	vévéritse
faucon	şoim	choym
hérisson	arici	aritch¹
héron	bâtlan	butla-n
hibou	bufniţă	boufnitse
hirondelle	rândunică	ru-ndounike
loup	lup	loup
loutre	nutrie	noutriyé
lynx	râs	rus
merle	mierlă	myérle

moineau	**vrabie**	vrabiyé
mouette	**pescăruș**	péske**rou**ch
oie (sauvage)	**gâscă (sălbatică)**	**gu**ske (selbatike)
ours	**urs**	ours
pélican	**pelican**	pélika-n
perdrix	**prepeliță**	**pré**pélitse
pivert	**ciocănitoare**	tchokenito**a**ré
rat	**șobolan**	chobola-n
renard	**vulpe**	**vou**lpé
rossignol	**privighetoare**	priviguéto**a**ré
sanglier	**(porc) mistreț**	(pork) mis**tré**ts
souris	**șoarece**	cho**a**rétché

Les amateurs de réserves naturelles pourront se rendre dans les monts Retezat, pour voir des bisons et des aurochs, ainsi que dans le Delta du Danube, pour voir des pélicans et autres oiseaux sauvages.

Reptiles

couleuvre	**năpârcă**	nepurke
lézard	**șopârlă**	cho**pur**le
serpent	**șarpe**	charpé
tortue	**broască țestoasă**	bro**a**ske tsestoasse
vipère	**viperă**	**vi**pére

Insectes et arachnides

abeille	**albină**	al**bi**ne
araignée	**păianjen**	pe**ya**-nje-n
fourmi	**furnică**	four**ni**ke
guêpe	**viespe**	vy**é**spé
mouche	**muscă**	**mou**ske
tique	**căpușă**	ke**pou**che

CONVERSATION

Poissons, animaux marins et crustacés

anchois	anşoa	a-nchoa
brochet	știucă	chtyouke
calamar	calamar	kalamar
carpe	crap	krap
dauphin	delfin	delfi-n
dorade	doradă	dorade
esturgeon	sturion	stouryo-n
hareng	hering	héri-ng
maquereau	macrou	makroou
morue	cod	kod
œufs de poisson	icre	ikré
oursin	arici de mare	aritch' dé maré
perche	biban	biba-n
rouget	roșioară	rochyoare
sandre	șalău	chaleou
silures	somn	so-mn

↗ Hébergement

Plusieurs types d'hébergement sont à votre disposition, mais pour mieux connaître la Roumanie, cherchez à vous loger dans le réseau de l'agrotourisme (tourisme rural).

Je cherche...	Caut...	kaout
un appartement meublé.	un apartament mobilat.	oun apartame-nt mobilat
une auberge de jeunesse.	un hotel de tineret/hostel.	oun hotél dé tinérét/hostél
un camping.	un camping.	oun ké-mpi-ng
un chalet à la montagne.	o cabană la munte.	o kabane la mounté

une chambre chez l'habitant/un gîte.	o gazdă.	o gazde
un hôtel.	un hotel.	oun hotél
une maison.	o casă.	o kasse
une pension.	o pensiune.	o pe-nsyouné

Réservation d'hôtel

J'aimerais...	Aș dori...	ach dori
une chambre simple.	o cameră simplă.	o kamére si-mple
deux chambres simples.	două camere simple.	dooue kaméré si-mplé
une chambre double	O cameră dublă	o kamére double
... avec un grand lit.	...cu pat dublu.	kou pat doublou
... avec deux lits.	...cu două paturi.	kou dooue patour'

Nous resterons...	Vom sta...	vo-m sta
deux nuits.	două nopți.	dooue nopts'
une semaine.	o săptămână.	o septemune

Est-ce que le petit-déjeuner est compris?
Micul dejun e inclus?
mikoul déjoun yé i-nklous

Combien coûte la nuit dans cet hôtel?
Cât costă noaptea în acest hotel?
kut koste noaptya u-n atchest hotél

À la réception

J'ai réservé une chambre au nom de...
Am rezervat o cameră pe numele de...
a-m rézervat o kamére pé nouméle dé

Nous aimerions une chambre avec vue sur la mer, si possible.
Am dori o cameră cu vedere la mare, dacă se poate.
a-m dori o kamére kou védéré la maré dake sé poaté

J'aimerais une chambre calme avec un balcon.
Mi-ar plăcea o cameră liniștită cu balcon.
myar pletchya o kamére linichtite kou balko-n

Est-ce qu'il y a l'air conditionné ?
Există aer condiționat?
égziste ayer ko-nditsyonat

Pouvez-vous nous appeler un taxi, s.v.p. ?
Ne-ați putea chema un taxi, vă rog?
nyatsi poutya kéma oun taksi ve rog

Vocabulaire des services et du petit-déjeuner

animaux domestiques admis	**animale domestice admise**	animalé doméstitché admissé
baby-sitting	**babysitting**	bébissiti-ng
baignoire	**vană**	vane
bar	**bar**	bar
blanchisserie	**curățătorie**	kuretsetoriyé
chambre non-fumeurs	**cameră de nefumători**	kamére dé néfoumetori
chambre familiale	**cameră familială**	kamére familyale
connexion Internet	**conexiune Internet**	koneksyouné i-nternét
consigne à bagages	**cameră de bagaje**	kamére dé bagajé
douche	**duș**	douch
espace Internet	**spațiu Internet**	spatsyou i-nternét
installations pour personnes handicapées	**instalații pentru persoane handicapate**	i-nstalatsi pe-ntrou persoané ha-ndikapaté

jardin	grădină	gredine
journaux	ziare	zyaré
location de voitures	închiriere mașini	u-nkiry**é**ré dé mach**in**i
navette aéroport-hôtel	navetă aeroport-hotel	nav**é**te ay**é**roport hot**é**l
nettoyage à sec	curățătorie uscată	kouretsetori**y**é ouskate
parking	parcare	parkaré
piscine	piscină	pistchine
plage privée	plajă privată	plaje private
réception	recepție	rétcheptsiyé
restaurant	restaurant	restaoura-nt
salle de réunions	sală de ședințe	sale dé chédi-ntsé
service de chambre	serviciu de cameră	servitchyou dé kaméré
serviette	prosop	prossop
sèche-cheveux	fön, uscător de păr	fœ-n, ousketor dé per
shampooing	șampon	cha-mpo-n
stationnement	oprire	opriré
télévision	televiziune	télévizyouné
terrasse	terasă	térasse
toilettes	WC, toaletă	vétché, toaléte

Pour le petit-déjeuner

Puis-je avoir (du/de la/des)...?
Îmi puteți aduce...?
*u-m*i *poutets*i *adoutché*

Où est/sont (le/la/les)...?
Unde e/sunt...?
oundé yé/sount

beurre	unt(ul)*	**ou**nt(oul)
chocolat (chaud)	ciocolată (a caldă)	tchokolate (a kalde)
café	cafea(ua)	kafya(oua)
céréales	cereale(le)	tchéréalé(lé)
confiture	dulceață(a)	doultchatse(a)

---

* Les formes sans article pour la première question, avec article pour la seconde.

jus de fruits	**suc(ul) de fructe**	*so**uk**(oul) dé fr**ou**kté*
lait	**lapte(le)**	*lapté(lé)*
miel	**miere(a)**	*my**é**ré/my**é**rya*
œufs	**ouă**	***oo**ue*
...brouillés	**...papară**	*papare*
...durs	**...tari**	*tar'*
...au bacon	**...cu șuncă**	*kou ch**ou**nke*
...sur le plat	**...ochiuri**	*o**kyour'***
omelette	**omletă**	*oml**é**te*
saucisses	**cârnați**	*kurnats'*
sucre	**zahăr**	*zaher*
thé	**ceai**	*tchay*

Les Roumains n'ont pas de petit-déjeuner traditionnel. Certains Roumains mangent de la charcuterie et du fromage (**telemea**, *féta*) le matin, d'autres seulement des tartines beurrées, de la confiture ou du miel. Certains boivent du thé, du café, du lait ou du chocolat chaud (surtout les enfants et les jeunes). Seulement à la campagne et dans les gîtes ruraux, les petits-déjeuners sont très consistants.

En cas de petit problème

Ci-dessous, une liste d'équipements qui pourraient tomber en panne ou se détériorer. Pour former une phrase, utilisez un mot de la liste et faites-le suivre des expressions qui se trouvent en dessous du tableau :

Excusez-moi...	**Scuzați...**	*skouzats'*
l'ampoule	**becul**	*b**é**koul*
le chauffage	**încălzirea**	*u-nkelz**i**rya*
l'interrupteur	**întrerupătorul**	*u-ntréroup**e**toroul*
la lampe	**lampa**	*la-mpa*
la connexion Internet	**conexiunea Internet**	*koneksyoun**é** i-ntern**é**t*
la lumière	**lumina**	*loum**i**na*
la prise, la fiche	**priza**	*priza*

le robinet	**robinetul**	*robin**é**toul*
le système d'aération	**sistemul de aerisire**	*sist**é**moul dé ayérissi**ré***
le ventilateur, la climatisation	**ventilatorul, aerul condiționat**	*ve-ntilato**r**oul, ayér**ou**l ko-ndits**y**onat*

… ne fonctionne pas.
… nu funcționează.
*nou founktsyony**a**ze*

… est cassé/e.
… e defect/ă.
*y**é** déf**e**kt/e*

Le lavabo est bouché.
Chiuveta e înfundată.
*kyuv**é**ta y**é** u-nfound**a**te*

Il n'y a pas d'eau chaude.
Nu este apă caldă.
*nou y**é**sté **a**pe k**a**lde*

Régler la note

La note, s.v.p. !
Nota, vă rog!
*n**o**ta ve rog*

J'ai besoin d'une facture.
Am nevoie de factură.
*a-m név**o**yé dé fakt**ou**re ve rog*

↗ Nourriture

Pour se restaurer, il vous suffit de trouver :

un bistro	oun bistr**o**	un bistrot
o cafeteria	o kafétér**i**ya	une cafétéria
o cantină	o kant**i**ne	une cantine
o cafenea	o kafény**a**	un café
o cofetărie	o cofétériy**é**	une pâtisserie
un Internet café	oun i-nternét kaf**é**	un cybercafé
o pizzerie	o pitsériy**é**	une pizzéria
un restaurant	oun restaour**a**-nt	un restaurant

Au restaurant

J'aimerais réserver une table pour 4 personnes, pour 20 h.
Aş dori să rezerv o masă pentru patru persoane, pentru ora opt.
ach dori se rézerv o masse pe-ntrou patrou persoané pe-ntrou ora opt

Je m'appelle… J'ai réservé une table pour 6, non fumeurs.
Mă numesc … Am rezervat o masă de 6 persoane, la nefumători.
me noumésk… a-m rézervat o masse dé chassé persoané la néfoumetor'

Bonsoir. Nous n'avons pas réservé…
Bună seara. N-am rezervat…
boune syara na-m rézervat

Nous aimerions une table dehors, si possible.
Am dori o masă afară, dacă e posibil.
a-m dori o masse afare dake yé possibil

Bon appétit!
Poftă bună!
pofte boune

Pour passer une commande

Pourrions-nous avoir la carte, s.v.p.?
Ne puteţi aduce meniul, vă rog?
né poutéts' adoutché ménioul ve rog

Que nous suggérez/recommandez-vous aujourd'hui?
Ce ne sugeraţi/recomandaţi astăzi?
tché né sudjérats'/rékoma-ndats' astez'

Est-ce que vous avez des menus végétariens ?
Aveți meniuri vegetariene?
avétsⁱ méniourⁱ védjétaryéné

Nous aimerions...	Am dori...	a-m dori
de l'eau de vie (de prune).	țuică (de prune).	*tsouyke (dé prouné)*
de l'eau minérale (plate/gazeuse).	apă minerală (plată/gazoasă).	*ape minérale (plate/gazoasse)*
des entrées.	antreuri/aperitive.	*a-ntréourⁱ/apéritivé*
du fromage.	brânză/caș.	*bru-nze/kach*
des fruits.	fructe.	*froukté*
du gâteau/un dessert.	prăjitură/un desert.	*prejitoure/oun déssert*
du gibier.	vânat.	*vunat*
de l'huile d'olive.	ulei de măsline.	*ouléy dé mesliné*
des légumes.	legume.	*légumé*
de la moutarde.	muștar.	*mouchtar*
du pain.	pâine.	*puyné*
des pâtes.	paste.	*pasté*
du poisson.	pește.	*pechté*
du poivre.	piper.	*pipér*
des pommes de terre ... frites. ... au four.	cartofi ...prăjiți. ...la cuptor.	*kartofⁱ prejitsⁱ la kouptor*
du riz.	orez.	*oréz*
du sel.	sare.	*saré*
de la soupe.	supă.	*soupe*
du sucre.	zahăr.	*zaher*
de la viande.	carne.	*karné*
du vinaigre.	oțet.	*otsét*

Sur la carte du snack, on peut trouver :

boissons chaudes	băuturi calde	*beoutourⁱ kaldé*
crêpes	clătite	*cletité*

CONVERSATION

glaces	înghețate	u-nguétsaté
hamburger	hamburger	ha-mbourguér
infusions	infuzii	i-nfouzi
salades	salate	salaté
sandwich	sendviș	se-ndvich

Pour désigner un produit qui se trouve derrière une vitrine :

Donnez-moi, s.v.p....	Dați-mi, vă rog...	datsim' ve rog
une part de ceci.	o porție din asta.	o portsiyé di-n asta
un de ceci et deux de ceux-là.	una din asta și două din asta.	ouna di-n asta chi dooué di-n asta
en haut/en bas.	de sus/de jos.	dé sous/dé jos

Si vous souhaitez que l'on vous change vos couverts, votre assiette, etc.

Les couverts

Pouvez-vous m'apporter un/une autre/d'autres...?
Îmi puteți aduce un alt/o altă/alți/alte...?
u-m' poutéts' adoutché oun alt/o alte/alts'/alté

assiette/s	farfurie / farfurii	farfouriyé / farfouri
couteau/x	cuțit/e	koutsit/é
couverts	tacâmuri	takumour'
cuillère/s	lingură/i	li-ngouré/'
fourchette/s	furculiță/e	fourkoulitse/é
petite/s cuillère/s	linguriță/e	li-ngouritse/é
serviette/s	șevețel/e	chervétsél/é
tasse/s	ceașcă / cești	tchachke/tchécht'
verre/s	pahar/e	pahar/é

Le plat est froid !
Mâncarea e rece!
mu-nkarya yé rétché

L'addition

L'addition, s.v.p. !
Nota (de plată), vă rog!
nota (dé plate) ve rog

Puis-je payer avec ma carte (bancaire) ?
Pot plăti cu cardul?
pot pleti kou kardoul

Je n'ai pas commandé ça.
N-am comandat asta.
na-m koma-ndat asta

Spécialités et plats traditionnels

Entrées, hors d'œuvres

telemea cu roșii	télémya kou rochi	féta et tomates
mici (cu muștar)	mitch' (kou mouchtar)	petites saucisses (avec de la moutarde)
salată de vinete	salate dé vinété	caviar d'aubergines

Soupes et potages

ciorbă de burtă	tchorbe dé bourtă	soupe aux tripes
ciorbă de perișoare	tchorbe dé périchoaré	potage aux boulettes de viande
ciorbă de văcuță	tchorbe dé vekoutse	potage de veau
supă de legume	soupe dé légoumé	soupe de légumes

Plats principaux

mămăligă cu brânză	memeligu-e kou bru-nze	polenta au fromage
sarmale	sarmalé	rouleaux de choux farcis
tocană cu mămăliguță	tokane kou memeligutse	ragoût à la polenta

CONVERSATION

Salades

ardei copți	ard**éy** k**o**pts[i]	poivrons cuits
murături	mouret**ou**r[i]	légumes en saumure
salată de varză	sal**a**te dé v**a**rze	salade de choux

Desserts

beigli cu mac / cu nucă	b**a**ygli kou mak / kou n**ou**ke	brioches roulées au pavot / aux noix
papanași cu gem	papan**a**ch[i] kou djém	boulettes de fromage blanc à la confiture

Vocabulaire des mets et produits

Viande

agneau	miel	my**é**l
bifteck, steack	b**i**fteck, steack	b**i**ftek, sték
bœuf	vită	v**i**te
brochette	frigărui	friger**ou**y
canard	rață	r**a**tse
cerf	cerb	tcherb
charcuterie	mezeluri	méz**é**lour[i]
cochon	porc	pork
cochon de lait	purcel de lapte	pourtch**é**l dé l**a**pté
côte de bœuf	coaste de vită	ko**a**sté dé v**i**te
côtelette	cotlet	kotl**é**t
cuisse	picior, coapsă	pitchy**o**r, ko**a**pse
dinde	curcan	kourk**a**-n
faisan	fazan	faz**a**-n
foie	ficat	fik**a**t
gibier	vânat	vun**a**t
jambon	șuncă	ch**ou**-nke
langue	limbă	l**i**-mbe
lapin	iepure de casă	y**é**pouré dé k**a**sse
lièvre	iepure de câmp	y**é**pouré dé ku-mp

oie	gâscă	*gu*ske
pigeon	**porumbel**	*poroumbél*
poitrine	**piept**	*pyépt*
porc	**porc**	*pork*
poule	**găină**	*geyine*
poulet	**pui**	*pouy*
rognons	**rinichi**	*rinik*ⁱ
saucisse	**cârnaț**	*kurnats*
saucisson	**salam**	*sala-m*
veau	**vițel**	*vitsél*
viande	**carne**	*karné*

Œufs

œuf/s	ou/ă	*o*ou/e
... à la coque	... moale / moi	*moalé / moy*
... dur/s	... tare/i	*tare/*ⁱ
œufs de perdrix	ou/ă de prepeliță	*o*ou/e dé prépélitse
œufs sur le plat	ochiuri	*o*kyourⁱ
œufs poché/s	ou/ă fiert/e	*o*ou/e fyért/é
omelette	omletă	*omléte*

Poissons

anchois	anșoa	*a-nchoa*
bar (loup de mer)	lup de mare	*loup dé maré*
brochet	știucă	*chtyouke*
cabillaud	merlucius	*merloutchyous*
calamars	calamari	*kalamar*ⁱ
crabe	crab	*krab*
crevettes, gambas	creveți	*krévéts*ⁱ
crustacés	crustacee	*kroustatchéyé*
dorade	doradă	*dorade*
écrevisse	rac	*rak*
homard	homar	*homar*

CONVERSATION

huîtres	stridii	stridi
langouste	langustă	la-ngouste
moules	midii	midi
poisson	peşte	pechté
poulpe	caracatiţă	karakatitse
sardines	sardine	sardiné
saumon	somon	somo-n
seiche	sepie	sépyé
sole	limbă de mare	li-mbe dé maré
thon	ton	to-n
truite	păstrăv	pestrev

Légumes, champignons

artichaut	anghinare	a-nguinaré
asperge	sparanghel	spara-nguél
aubergine	vinete	vinété
betterave	sfeclă	sfecle
carotte	morcov	morkov
cèpes	hribi	hribi
champignons de Paris	ciuperci şampinioane	tchupertchi cha-mpinyoané
chanterelles	gălbiori	gelbyori
chou frisé ... de Bruxelles	varză creaţă ...de Bruxelles	varze kryatse dé bruksél
chou-fleur	conopidă	konopide
courge	dovleac	dovlyak
courgette	dovlecel	dovlétchél
épinards	spanac	spanak
fenouil	fenicul	fénikul
haricots ... verts	fasole ... verde	fassolé verdé
légume/s	legumă/e	légoume/é
lentilles	linte	li-nté
navet	nap	nap

oignon, oignon frais	ceapă, ceapă verde	tchape, tchape verdé
petits pois	mazăre	mazeré
pois chiches	năut	neout
poivrons	ardei	ardéy
pommes de terre	cartofi	kartofⁱ
potiron	dovleac	dovlyak
radis	ridiche	ridiké
roquette	rucola	rukola
salade, laitue	salată verde, lăptucă	salate verde, leptouke
tomate/s	roșie / roșii	rochiyé / rochi
truffe/s	trufă/e	troufe/é

Fruits

abricot/s	caisă/e	kayisse/é
cerise/s	cireașă / cireșe	tchiryache / tchiréché
citron/s	lămâie / lămâi	lemuy/é
datte/s	curmală/e	kourmale/é
figue/s	smochină/e	smokine/é
fraise/s, fraise/s des bois	căpșună/i, frăguță/e	kepchoune/i, fregoutse/é
framboise	zmeură	zméoure
fruit/s	fruct/e	froukt/é
grenade/s	rodie / rodii	rodi/yé
griotte/s	vișină/e	vichine/é
melon/s	pepene/i galben/i	pépéné/ⁱ galben/ⁱ
noix	nucă/i	nouke/noutchⁱ
orange/s	portocală/e	portokale/é
pamplemousse	grepfrut	grépfrout
pastèque/s	pepene/i verde/zi	pépéné/ⁱ verdé/zⁱ
poire/s	pară / pere	pare / péré
pomme/s	măr / mere	mer / méré
prune/s	prună/e	proune/é
raisin/s, raisin/s sec/s	strugure/i, stafidă/e	strougouré/ⁱ, stafide/é

Glaces

glace	înghețată	u-nguétsate
...à la vanille	...de vanilie	dé vaniliyé
...au chocolat	...de ciocolată	dé tchokolate
...à la fraise	...de căpșuni	dé kepchounⁱ
...aux fruits sauvages	...de fructe de pădure	dé frukté dé pedouré
...à la pistache	...de fistic	dé fistik
...à la noisette	...de alune	dé alouné
...au melon	...de pepene	dé pépéné

J'ai faim!
Mi-e foame!
myé foamé

Façons de préparer et sauces

Types de préparations

au four	la cuptor	la kouptor
au gril	pe gril, la grătar	pé gril, la gretar
bouilli	fiert	fyért
braisé	pe vatră	pé vatre
farci	umplut	oumplout
frais	proaspăt	proaspet
frit	fript, prăjit	fript, prejit
froid	rece	rétché
fumé	afumat	afoumat
rôti	friptură	friptoure

Pour spécifier la cuisson de votre plat :

La viande, je ne la veux pas.../Le poisson, je ne le veux pas...
Carnea nu o vreau.../Peştele nu-l vreau...
karnya nou o vryaou.../péchtélé noul vryaou...

trop cuit/e	prea făcut/ă / fript/ă	prya fekout/e/fript/e
cru/e	crud/ă	kroud/e

Je la/le préfère...	O/Îl prefer...	o/ul préfér
à la vapeur.	în aburi.	u-n abouri
saignant/e.	în sânge.	u-n su-ndjé
tendre.	moale.	moalé
à point.	făcut/ă.	fekout/e
bien cuit/e.	bine fript/ă/făcut/ă.	biné fript/e / fekout/e

Sauces, assaisonnements et condiments

mujdei	moujdéy	aïoli
maioneză	mayonéze	mayonnaise
sos tartar	sos tartar	sauce tartare
cu smântână	kou smu-ntune	à la crème fraîche
sos de roşii	sos dé rochi	sauce tomate

Fromages

fromage	brânză	bru-nze
...à pâte molle	caş	kach
...à pâte dure	caşcaval	kachkaval
...blanc	brânză de vaci	bru-nze dé vatchi
...de brebis	...de oaie	dé oayé
...de vache	...de vacă	dé vake
...de bufflonne	...de bivoliţă	de bivolitse
féta	telemea	télémya

CONVERSATION

Boissons alcoolisées

Trinquons!
Să ciocnim!
se tchyokni-m

Je voudrais...	Aş dori...	*ach dori*
une bière.	o bere.	o b**é**ré
du vin blanc/rouge/rosé.	vin alb/roşu/rosé.	vi-n alb / **ro**chou / rozé
de l'eau de vie.	ţuică.	ts**ou**yke
de la liqueur.	lichior.	liky**o**r
du cognac.	coniac.	kony**a**k
du whisky.	whisky.	**u**iski
une bouteille.	o sticlă/o butelie.	o st**i**kle/o bout**é**liyé
un demi-litre.	o jumătate de litru.	o joumetat**é** dé l**i**trou
un litre.	un litru.	oun l**i**trou
une petite carafe.	o cană mică.	o k**a**ne m**i**ke
un verre.	un pahar.	oun pah**a**r

Il est bon de savoir qu'en Roumanie, le taux d'alcool autorisé au volant est 0.

Autres boissons

Je voudrais...	Aş dori...	*ach dori*
une eau minérale	o apă minerală	o ape min**é**rale
... plate.	... plată.	plate
... gazeuse.	... gazoasă.	gazo**a**sse
un jus	un suc	oun souk
... d'ananas.	... de ananas.	dé an**a**nas
... d'orange.	... de portocale.	dé portok**a**lé
... de citron.	... de lămâie.	dé lemuy**é**
... de tomate.	... de roşii.	dé r**o**chi
... de pomme.	... de mere.	dé m**é**ré

un peu de lait.	puțin lapte.	poutsi-n lapté
une limonade.	o limonadă.	o limonade
une orangeade.	o oranjadă.	o ora-njade

J'ai soif !
Mi-e sete!
myé sété

Café

café	cafea	kafya
... filtre	... filtru	filtrou
... turc	... turcească	tourtchyaske
... serré / long	... scurtă / lungă	skourte / loungu-e
... avec de la mousse de lait	capucino	kapoutchino
un (double) expresso	un (dublu) expresso	oun (doublou) ekspresso

↗ Achats et souvenirs

Magasins et services

Pour dresser votre liste de courses, n'hésitez pas à prendre appui sur la rubrique précédente, vous trouverez votre bonheur dans les supermarchés.

boulangerie	brutărie / pâine	brouteriyé / puyné
bureau de tabac	tutungerie	toutoundjériyé
cabinet médical	cabinet medical	kabinét médikal
fleuriste	florărie	floreriyé
kiosque	difuzarea presei	difouzarya présséy
librairie	librărie	libreriyé
magasin de chaussures	magazin de încălțăminte	magazi-n dé u-nkeltsemi-nté

CONVERSATION

magasin de vêtements	magazin de îmbrăcăminte	magazi-n dé u-mbrekemi-nté
vétérinaire	medic veterinar	médic vétérinar

Je voudrais voir...	Aș dori să văd...	ach dori se ved
ce sac à dos-là.	rucsacul acela.	rouksakoul atchéla
cette jupe-là.	fusta aceea.	fousta atchéya
ces pantalons-là.	pantalonii aceia.	pa-ntaloni atchéya
ces chaussettes-là.	șosetele acelea.	chaossételé atchélya

Combien coûte ceci?
Cât costă asta?
kut koste asta

Je voudrais quelque chose...	Aș dori ceva...	ach dori tchéva
de bonne qualité.	de calitate.	dé kalitaté
de traditionnel.	tradițional.	traditsyonal
(un peu) plus grand.	(puțin) mai mare.	(poutsi-n) may maré
(un peu) plus petit.	(puțin) mai mic.	(poutsi-n) may mik

Si vous vous décidez pour un article :

Parfait, je le/la/les prends.
Perfect. Îl/O/Îi/Le iau.
perfekt ul/o/uy/lé yaou

Acceptez-vous les cartes de crédit? *Désolé, non.*
Acceptați cardurile? **Ne pare rău, nu.**
aktcheptatsi kardourilé né paré reou nou

Ce sera tout, merci.
Asta e tot, mersi.
asta yé tot mersi

Où se trouve le centre commercial le plus proche ?
Unde e centrul comercial cel mai apropiat?
oundé yé tche-ntroul komertchyal tchel may apropyat

À quelle heure est-ce que ça ouvre/ferme ?
La ce oră se deschide/închide?
la tché ore sé deskidé/u-nkidé

Livres, revues, journaux, musique

Je voudrais un/e…	Aş dori …	ach dori
carte routière.	o hartă rutieră.	o harte routyére
dictionnaire de poche.	un dicţionar de buzunar.	oun diktsyonar dé bouzounar
dictionnaire français-roumain.	un dicţionar francez-român.	oun diktsyonar fra-ntchéz romu-n
dictionnaire roumain-français.	un dicţionar român-francez.	oun diktsyonar rom-un fra-ntchéz
plan de la ville.	o hartă a oraşului.	o harte a orachoulouy

Je voudrais acheter un livre de…
Aş vrea să cumpăr o carte de…
ach vrya se koumper o karté dé

Avez-vous des livres de cet auteur ?
Aveţi cărţi de acest autor?
avétsⁱ kertsⁱ dé atchest aoutor

Avez-vous des journaux en français ?
Aveţi ziare în franceză?
avétsⁱ zyaré u-n fra-ntchéze

Blanchisserie, teinturerie

Je cherche une blanchisserie.
Caut o curățătorie.
kaout o kouretsetoriyé

Pouvez-vous...	Puteți ...	*poutétsi*
... laver/nettoyer/ repasser ...	...spăla/curăța/călca ...	*spela/kouretsa/kelka*
ces vêtements?	aceste haine?	*atchesté ha-yné*

Il y a des/Il n'y a pas de taches.
(Nu) sunt pete.
(nou) sount pété

Vêtements et chaussures

Je fais du 40.
Am numărul patruzeci (chaussures).
Am mărimea patruzeci (vêtements).
a-m noumeroul/merimya patrouzétchi

Je cherche des...	Caut ...	*kaout*
ballerines blanches.	balerini albi.	*balérini albi*
baskets.	bascheți.	*baskétsi*
bottes.	cizme.	*tchizmé*
bottines.	botine.	*botiné*
mocassins.	mocasini.	*mokassi-ni*
nu-pieds/sandales marron.	sandale maro.	*sa-ndalé maro*
tongs.	șlapi.	*chlapi*

Puis-je l'essayer ?
Le/Îi pot încerca?
lé/*uy* pot u-ntcherka

Avez-vous quelque chose de plus léger ?
Aveți ceva mai ușor?
avéts' tchéva may ouchor

C'est trop...	E prea...	yé prya
grand.	mare.	maré
large.	larg.	larg
petit.	mic.	mik
serré.	strâmt.	stru-mt

Si vos chaussures sont abîmées, vous dites :

Je cherche un cordonnier.
Caut un pantofar.
kaout oun pa-ntofar

Pouvez-vous me réparer ces chaussures ?
Îmi puteți repara pantofii ăștia?
u-m' poutéts' répara pa-ntofi echtya

Noms de vêtements et d'accessoires :

bas	ciorapi	tchorap'
bikini	bikini	bikini
bonnet	căciulă	ketchyoule
casquette	caschetă	kaskéte
chapeau	pălărie	peleriyé
chaussettes	șosete	chossété
jupe	fustă	fouste
lingerie	lenjerie	lénjériyé
manteau	palton	palto-n
pantalon/s	pantalon/i	pantalo-n/'
pull	pulover	poulover

CONVERSATION

pyjama	pijama	pijama
robe	rochie	rokiyé
sac	geantă, poșetă	dja-nte, pochéte
short	șort	chort
vêtements de sport	echipament de sport	ékipame-nt dé sport
survêtement	trening	tréni-ng

Couleurs

beige	bej	béj
blanc	alb	alb
bleu	albastru	albastrou
bordeaux	bordo	bordo
corail	corail	koray
gris	gri	gri
jaune	galben	galbe-n
marron	maro	maro
noir	negru	négrou
orange	portocaliu, oranj	portokaliou, oran-j
rose	roz	roz
rouge	roșu	rochou
vert	verde	verdé
violet	violet	vyolet

Bureau de tabac

On fume encore beaucoup en Roumanie, dans les bars et les restaurants, et on achète ses cigarettes un peu partout (kiosques spécialisés, magasins alimentaires, supermarchés, bars...). La cigarette électronique dispose de magasins à part, indiqués comme tels. Dans certains établissements, des lieux sont réservés aux fumeurs, indiqués **Loc pentru fumat,** *lieu pour fumer* ; dans les restaurants : **Sală de nefumători,** *salle non fumeur*.

briquet	**brichetă**	*brik**é**te*
cartouche	**cartuș**	*kart**ou**ch*
cendrier	**scrumieră**	*skroumy**é**re*
cigare	**trabuc**	*trab**ou**k*
mégot	**chiștoc, muc**	*kicht**o**k, mouk*
paquet de cigarettes	**pachet de țigări**	*pak**é**t dé tsigu**e**ri*
pipe	**pipă**	*pipe*

Photo

Puis-je prendre des photos ici ?
Pot face fotografii aici?
*pot f**a**tché fotograf**i** ay**i**tchi*

Vous voulez bien nous prendre en photo ?
Ne faceți o fotografie, vă rog?
*né f**a**tchétsi o fotografi**y**é ve rog*

Je cherche un atelier photo.
Caut un atelier foto.
*k**a**out oun atéli**é**r foto*

Mots utiles pour l'équipement et les accessoires :

appareil jetable	**aparat de unică folosință**	*aparat dé **ou**nike folos**i**-ntse*
appareil numérique	**aparat digital**	*aparat didjital*
camescope	**cameră de filmat**	*k**a**méré dé filmat*
carte mémoire	**card de memorie**	*kard dé mém**o**riyé*
clé USB	**stick**	*stik*
flash	**bliț**	*blits*
piles	**baterii**	*bat**é**ri*

CONVERSATION

Souvenirs

Il y a des magasins de souvenirs et des enseignes d'objets d'artisanat. Dans les monastères et les églises, on trouve également des kiosques spécialisés dans les "souvenirs religieux" : petites icônes, chapelets, croix, etc. À noter : si vous voulez envoyer des cartes postales, les timbres s'achètent seulement à la poste.

artisanat	artizanat	artizanat
assiette peinte	farfurie pictată	farfour**iyé** pikt**a**te
bijou	bijuterie	bijouté**riyé**
blouse populaire	ie	**i**yé
bracelet	brățară	brets**a**re
broderie	broderie	brodé**riyé**
carte postale	vedere	véd**é**ré
céramique	ceramică	tchéram**i**ke
collier	mărgele	merdj**é**lé
croix	cruce, cruciuliță	kr**ou**tché, kroutch**ou**litse
cuillère en bois	lingură de lemn	li-ng**ou**re dé le-mn
dentelle	dantelă	dant**é**le
icône	icoană	iko**a**ne
maroquinerie	marochinărie	marokine**riyé**
œuf peint	ou pictat	**o**ou pikt**a**t
poupée	păpușă	pep**ou**che
chapelet, rosaire	rozar	roz**a**r
serviette brodée	șervet brodat	cherv**é**t brod**a**t
vase	vază	v**a**ze

D'autres magasins vendent des produits alimentaires typiques : fromages (**caș**, *fromage frais*, **telemea**, *féta*), le célèbre **salam de Sibiu**, *saucisson de Sibiu*, ainsi que *l'eau de vie de prune* traditionnelle (**țuica de prune**).

↗ Vocabulaire de l'entreprise et rendez-vous professionnels

Fixer un rendez-vous

Je voudrais parler à M. /à Mme...
Aș dori să vorbesc cu Domnul/Doamna...
ach dori se vorbésk kou do-mnoul/doam-na

J'aimerais obtenir un RDV avec le directeur, s.v.p.
Aș dori o audiență la director, se poate.
ach dori o aoudye-ntse la direktor se poaté

Puis-je laisser un message ?
Pot lăsa un mesaj?
pot lessa oun messaj

Bien, je rappelle cet après-midi.
Bine, resun după-masă.
biné réssoun doupe masse

Je vous donne mon numéro de portable.
Vă dau numărul meu de mobil.
ve daou numeroul meou dé mobil

Visiter et travailler dans une entreprise

J'ai rendez-vous avec M. /Mme...
Am întâlnire cu Domnul/Doamna...
a-m u-ntulniré kou do-mnoul/doamna

Pourriez-vous m'organiser une visite ?
Mi-ați putea organiza o vizită?
myats! poutya organiza o vizite

CONVERSATION

Je viens pour visiter l'entreprise aujourd'hui.
Vin astăzi să vizitez întreprinderea.
vi-n **a**stezⁱ se viz**i**téz u-ntrépri-nd**é**rya

Merci pour la visite.
Mulţumesc de vizită.
moultsoum**é**sk dé v**i**zite

Puis-je m'installer ici pour travailler ?
Mă pot instala aici ca să lucrez ?
me pot i-nstal**a** ayitchⁱ ka se loukr**é**z

Je voudrais envoyer un télégramme/une télécopie/un mail.
Aş dori să trimit o telegramă/un fax/un mail.
ach dor**i** se trimit o télégr**a**me/oun faks/oun m**e**yl

Vocabulaire d'entreprise

Les équipements et le matériel de *bureau* : **birotică** *[birotike]*

bureau	birou	bir**oo**u
casiers (pour dossiers)	clasoare	klass**oa**ré
clavier	tastatură	tastat**ou**re
document	document	dokum**e**-nt
dossier	dosar	doss**a**r
écran	ecran	ékr**a**-n
...de projection	...de proiecţie	dé proy**é**ktsiyé
fauteuil	fotoliu	fotol**you**
imprimante	imprimantă	i-mprim**a**-nte
papier	hârtie	hurt**i**yé
photocopieur	xerox	ks**é**roks
répertoire téléphonique	agendă telefonică	adje-nde téléf**o**nike
réunion	şedinţă	chéd**i**-ntse

souris	mouse	maous
stylo	stilou	stiloou
tableau d'affichage	afișier	afichiyér
tampon	ștampilă	chta-mpile
trombone	agrafă	agrafe

Le personnel

acheteur	cumpărător	koumperetor
actionnaire	acționar	aktsyonar
comptable	contabil	ko-ntabil
concierge	portar	portar
directeur	director	direktor
employé	angajat	a-ngajat
marketing	marketing	marketi-ng
salarié	salariat	salaryat
secrétaire	secretar/ă	sécrétar/e
service commercial	serviciu comercial	servitchou komertchyal
stagiaire	stagiar	stadjyar

augmenter	a crește	a krechté
bilan	bilanț	bila-nts
chiffre d'affaires	cifră de afaceri	tchifre dé afatchér
contrat	contract	ko-ntrakt
embaucher	a angaja	a a-ngaja
entretien	întrevedere	u-ntrévédéré
licencier	a concedia	a ko-ntchédya
promotion	promovare, avansare	promovaré, ava-nsaré

L'établissement

ascenseur	ascensor, lift	astche-nsor, lift
cantine	cantină	ka-ntine

CONVERSATION

escalier	scară	skare
étage	etaj	étaj
hall	hol	hol
rez-de chaussée	parter	partér
salle de réunion	sală de ședințe	sale dé chédi-ntsé

Salons et expositions

Je suis venu/e pour...	Am venit pentru...	a-m vénit pe-ntrou
l'assemblée	adunare	adounaré
la conférence internationale	conferința internațională	ko-nféri-ntsa i-nternatsyonale
le congrès	congres	ko-ngrés
la foire, le salon	târg, salon	turg, salo-n
la réunion de la commission	întâlnirea comisiei	u-ntulnirya komissiyéy
l'exposition	expoziție	ekpozitsiyé

Où se trouve l'entrée pour les visiteurs?
Unde e intrarea pentru vizitatori?
oundé yé i-ntrarya pe-ntrou vizitatorⁱ

Je cherche le pavillon roumain.
Caut pavilionul românesc.
kaout pavilyonoul romunésk

Avez-vous une plaquette d'informations?
Aveți un pliant cu informații?
avétsⁱ oun plya-nt kou i-nformatsi

Puis-je avoir votre carte de visite professionnelle?
Îmi puteți da cartea de vizită oficială?
u-mⁱ poutétsⁱ da kartya dé vizite ofitchyale

↗ Santé

Chez le médecin, aux urgences

Je suis blessé/e.
Sunt rănit/ă.
sount renit/e

Il/Elle est malade.
E bolnav/ă.
yé bolnav/e

Vite, appelez...	Repede, chemați...	répédé kémats'
un médecin.	un medic.	oun médik
une ambulance, les secours.	o ambulanță, o salvare.	o a-mboula-ntse, o salvaré

Où puis-je trouver un médecin qui parle français ?
Unde găsesc un medic care vorbește franceza?
oundé gessésk oun médik karé vorbéchté fra-ntchéza

Où se trouve l'hôpital ?
Unde e spitalul?
oundé yé spitaloul

Je suis (Il/Elle est) cardiaque.
Sunt (E) cardiac/ă.
sount (yé) kardyak/e

Symptômes

J'ai/il/elle a...	Am/Are...	a-m/aré
des maux de tête.	dureri de cap.	dourér' dé kap
des étourdissements.	amețeli.	amétsél'
des frissons.	frisoane.	frissoané
des convulsions.	convulsii.	ko-nvoulsi
un coup de soleil.	insolație.	i-nsolatsiyé
des courbatures.	febră musculară.	fébre mouskoulare
des crampes.	crampe.	kra-mpé
la diarrhée.	diaree.	dyareyé
des hémorroïdes.	hemoroizi.	hémoro-iz'
de la fièvre.	febră.	fébre

J'ai envie de vomir. / J'ai vomi.
Îmi vine să vomez. / Am vomat.
u-mⁱ viné se vomez/a-m vomat

Je ne peux pas bouger. Ça fait mal.
Nu mă pot mişca. Mă doare.
nou me pot michka me doaré

Ça me brûle.
Mă pişcă/ustură.
me pichke/oustoure

Je saigne.
Îmi curge sânge.
u-mⁱ kourdjé su-ndjé

Douleurs et parties du corps

Maux divers

Pour désigner l'endroit qui vous fait souffrir :

J'ai mal...	Mă doare (sing.)...	me doaré
à l'appendice.	apendicele.	ape-nditchélé
au cœur.	inima.	inima
à une côte.	o coastă.	o koaste
à l'estomac.	stomacul.	stomakoul
au foie.	ficatul.	fikatoul
à la gorge.	gâtul.	gutoul
à la hanche.	şoldul.	choldoul
à la poitrine.	pieptul.	pyéptoul
au tendon.	tendonul.	te-ndonoul
à la tête.	capul.	kapoul
à la vessie (quand j'urine).	vezica (când urinez).	vézika (ku-nd ourinéz)

J'ai mal...	Mă dor (pl.)...	me dor
aux amigdales.	amigdalele.	amigdalélé
aux articulations.	articulaţiile.	artikoulatsiyilé

aux oreilles.	urechile.	ourékilé
aux poumons.	plămânii.	plemuni
aux yeux.	ochii.	oki

D'autres parties du corps

bouche	gură	goure
bras	braț	brats
cheville	gleznă	glezne
colonne vertébrale	colana vertebrală	koloana vertébrale
cou	gât, ceafă	gut, tchafe
coude	cot	kot
doigt	deget	dédjét
dos	spate	spaté
épaule	umăr	oumer
genou	genunchi	djénounki
jambe	picior	pitchyor
main	mână	mu-ne
nez	nas	nas
œil	ochi	oki
orteil	deget de la picior	dédjét dé la pitchyor
peau	piele	pyélé
pied	picior	pitchyor
poignet	încheietura mâinii	u-nkéyétoura muyni
visage	față	fatse

Diagnostic du médecin

angine	angină	a-ndjine
arthrite	artrită	artrite
cassé	rupt	roupt
constipation	constipație	ko-nstipatsiyé
foulure, luxation	entorsă, luxație	e-ntorse, louksatsiyé
gastro-entérite	gastro-enterită	gastroe-ntérite
grippe	gripă	gripe

CONVERSATION

hernie	hernie	herniyé
indigestion	indigestie	i-ndidjestiyé
infection	infecție	i-nféktsiyé
inflammation	inflamație	i-nflamatsiyé
insolation	insolație	i-nsolatsiyé
intoxication alimentaire	intoxicație alimentară	i-ntoksikatsiyé alime-ntare
microbe	microb	mikrob
pneumonie	pneumonie	pnéoumoniyé
rhumatisme	reumatism	réoumatism
rhume	răceală, guturai	retchyale
rhume des foins, allergie	febra fânului, alergie	fébra funoulouy, alerdjiyé
torticolis	torticolis	tortikolis
ulcère	ulcer	oultchér
virus	virus	virous

Santé de la femme

échographie	ecografie	ékografiyé
grossesse	sarcină	sartchine
gynécologue	ginecolog	djinékolog
maternité (clinique)	maternitate (clinică)	maternitaté (klinike)
pilule contraceptive	pilulă contraceptivă	piloule ko-ntratcheptive
règles	menstruație	me-nstrouatsiyé
serviettes hygiéniques	absorbante igienic / intim	absorba-nté idjiénitché / i-ntimé
tampons	tampoane	ta-mpoané

Je suis / Elle est enceinte.
Sunt / E însărcinată / gravidă.
sount / yé u-nsertchinate / gravide

Soins médicaux

Ne vous inquiétez pas, ce n'est rien.
Nu vă neliniștiți, nu e nimic.
nou ve nélinichtitsⁱ nou yé nimik

Il vous faut garder le lit pendant 3 jours.
Trebuie să stați în pat trei zile.
tr**é**bouyé se statsⁱ u-n pat tréy zilé

Je vais vous prescrire un antibiotique.
Vă scriu un antibiotic.
ve skriou oun a-ntiby**o**tik

Il faut que vous vous rendiez à l'hôpital.
Trebuie să mergeți la spital.
tr**é**bouyé se merdjétsⁱ la spit**a**l

Mots utiles

bandage	bandaj	ba-ndaj
examen	examinare	egzaminaré
médicaments	medicamente	médikame-nté
ordonnance	rețetă	rétséte
piqûre	injecție	i-njektsiyé
plâtre	ghips	guips
radio	radiografie	radiografiyé

Chez le dentiste

appareil dentaire	aparat dentar	aparat de-ntar
carie	carie	kariyé
dentier	proteză	protéze

CONVERSATION

dentiste	dentist	de-ntist
dent	dinte, măsea	di-nté, messya
dent de sagesse	măseaua de minte	messyaoua dé mi-nté
gencive	gingie	dji-ndjiyé
langue	limbă	li-mbe
mâchoire	maxilar	maksilar
palais	palat	palat

J'ai un abcès.
Am un abces.
a-m oun abtchés

Cette dent me fait mal.
Mă doare dintele ăsta / măseaua asta.
me doaré di-ntélé esta / messyaoua asta

J'ai perdu un plombage.
Mi-a căzut o plombă.
mya kezout o plo-mbe

Chez l'opticien

J'ai cassé mes lunettes. Vous pouvez me les réparer, s.v.p.?
Mi s-au spart / rupt ochelarii. Mi-i puteți repara, vă rog?
mi saou spart / roupt okélari miy poutéts' répara ve rog

J'aimerais des lentilles de contact.
Aş dori lentile de contact.
ach dori le-ntilé dé ko-ntakt

À la pharmacie

Je cherche une pharmacie.
Caut o farmacie.
kaout o farmatchiyé

J'aimerais quelque chose contre...
Aş dori ceva contra...
ach dori tchéva ko-ntra

la constipation.	constipației.	ko-nstipatsiyéy
les coups de soleil.	insolațiilor.	i-nsolatsiyéy
la diarrhée.	diareei.	dyaréyéy
le mal de mer.	răului de mare.	reoulouy dé maré
les maux de tête.	durerilor de cap.	douréril or dé kap
la toux.	tusei.	tousséy

D'autres termes relatifs aux soins et à l'hygiène :

aspirine	aspirină	aspirine
bain de bouche	apă de gură	ape dé goure
bande de gaze	tifon	tifo-n
brosse à dent	perie de dinți	périyé dé di-nts'
calmants	calmante	kalma-nté
collyre	picături de ochi	piketour' dé ok'
contraceptifs	contraceptive	ko-ntratcheptivé
crème antiseptique	cremă antiseptică	kréme a-ntiseptike
dentifrice	pastă de dinți	paste dé di-nts'
désinfectant	dezinfectant	dézi-nfekta-nt
gargarisme	gargară	gargare
gouttes	picături	piketour'
... pour le nez	...pentru nas	pe-ntrou nas
... pour les oreilles	...pentru urechi	pe-ntrou ourék'
... pour les yeux	...pentru ochi	pe-ntrou ok'
iode	iod	yod
lait maternel	lapte de mamă	lapté dé mame
laxatif	laxativ	laksativ
pansement	pansament	pa-nsame-nt
pastilles pour la gorge	pastile pentru gât	pastilé pe-ntrou gut
préservatif	prezervativ	prézervativ
somnifères	somnifere	so-mniféré
thermomètre	termometru	termométrou

Le don des langues

Rejoignez la communauté des assimilistes sur Facebook

www.facebook.com/editions.assimil

- → actualités,
- → exclusivités,
- → concours,
- → histoire de la marque,
- → nouveautés,
- → extraits audio…

et sur les autres réseaux sociaux :

vimeo.com/assimil

soundcloud.com/assimil

twitter.com/EditionsAssimil

www.youtube.com/user/MethodeASSIMIL

Restez en contact avec la Newsletter Assimil
www.assimil.com

Index thématique

A
Abréviations **85-86**
Accident **84**
Accord, désaccord **59**
Achats **137-144**
Activités de plein air **110-116**
Addition (restaurant) **129**
Administration **106**
Âge **64-65**
Aide **84**
Alcool **136**
Amour **76-77**
Animaux **118-120**
Arbres, arbustes **116-117**
Auberge de jeunesse **120**
Autocar **89-90**
Avion **88-89**

B
Bagage **88**
Banque **107-108**
Bateau **91-92**
Billet **88** ; **90-91** ; **101-102**
Blanchisserie **140**
Boissons **136-137**
Bureau de change **87-88**
Bus **99-100**

C
Café **137**
Camping **114-116**
Carburant **94**
Carte (restaurant) **126-128**
Carte bancaire **107** ; **129**
Chambre **121**
Cinéma **108-109**
Coiffeur **109-110**
Commande (passer ~) **126-137**
Commissariat **106-107**
Conduire **93-98**
Conférence (salons, expositions) **148**
Corps humain **150-151**
Couleurs **142**
Courrier **102-103**
Crustacées **120**

D
Dates (calendrier) **78-79** ; **81-84**
Dentiste **153-154**
Destination, itinéraire **98-99**
Deux-roues **93**
Diagnostic (médical) **151-152**
Directions **98-99**
Douane **86-87**
Douleur (parties du corps) **150**

E
Écriteaux **85**
E-mail **105**
Emploi **67-69**
Enfants **64** ; **66-67**
Entreprise **145-148**
Études, étudiants **67-68**
Excuses **73** ; **87**

F

Famille **65-67**
Fêtes **81-84**
Fériés (jours ~) **81-84**
Fleurs **117-118**
Fromages **135**
Fruits **133-134**
Fumer **74** ; **142-143**

G
Garage **95-96**
Gare **89-90**
Gibier **118-119**
Glaces **134**
Gynécologue **152**

H
Hébergement, hôtel **120-122** ; **124-125**
Heure, horaires **77-78**
Hôpital **149**

I
Insectes **119**
Internet **105**
Invitation **72-73**

J
Journaux **139**
Jours de la semaine **79-80**

L
Langue et compréhension **61**
Légumes **132-133**
Livres **139**

Location de voiture **93-94**

M
Magasins **137-144**
Maladies **151-152**
Médecin, médicaments **149** ; **154-155**
Menu **126-128**
Mer **112-113**
Mets et produits **130-134**
Météo **71-72**
Métiers **67-69**
Métro **99-100**
Mois **80**
Montagne **110-112**
Musées **100-102**

N
Nationalité **63**
Nourriture **125-137**
Numéro de téléphone **103-104**

O
Oiseaux **118-119**
Opinions **59**
Opticien **154**
Ordinateur **105**
Orientation **98-99**

P
Panne **84** ; **95-98**
Panneaux **85**
Passeport **86**
Pays **62-63**

Pertes **106-107**
Petit-déjeuner **121** ; **122-124**
Pharmacie **154-155**
Photos **101** ; **143**
Piscine **112-113**
Plage **112-113**
Plantes **117**
Poissons **120** ; **131-132**
Police **106**
Politesse **60**
Poste (la ~) **102-103**
Prendre congé **58**
Présenter (se ~) **63-64**
Prix **90** ; **93** ; **94** ; **96** ; **103** ; **113** ; **121** ; **129** ; **138**
Professions **67-69**

Q
Question (poser une ~) **60**

R
Randonnée **115**
Réception (à la ~) **121-122**
Religion **70**
Remerciements **60**
Rencontres **62-64**
Rendez-vous (amoureux) **73**
Rendez-vous (professionnels) **145-146**
Réparations (hôtel) **124-125**
Réparations (voiture) **95-96**
Réservation (hôtel) **121**
Restaurant **125-137**
Réunion (travail) **145-148**

S
Saisons **80**
Salutations **57**
Santé (symptômes, traitements) **149-155**
Sauces et assaisonnements **135**
Sentiments **75-76**
Services (hôtel) **122-124**
Sigles **85-86**
Soins (médicaux, premiers) **149** ; **153**
Sorties **100-102** ; **108-109**
Souhaits **58-59**
Souvenirs **144**
Spécialités et plats traditionnels **129-130**
Sport (de loisir) **110**
Station-service **94-95**
Symptômes (maladies) **149-150**

T
Tabac **142-143**
Tailles (vêtements) **140-142**
Taxi **92-93**
Teinturerie **140**
Téléphone **103-104**
Temps **71-72**
Théâtre **108-109**
Ticket **101** ; **108-109**
Train **89-91**
Tram **99-100**
Travail **145-148**

U
Urgences **83** ; **149**

V

INDEX THÉMATIQUE

Vélo **93**
Vêtements **141-142**
Viande **130-131**
Ville **62-63**
Vin **136**
Visite (d'entreprise) **145-146**
Visite (musée) **100-102**
Vœux **58-59**
Voiture **93-98**
Vol (avion) **88-89**
Vol (objet) **107**
Voyage **86-94**

Roumain - N° édition : 4168
Achevé d'imprimer en juin 2022
Imprimé en Roumanie